平凡社新書
965

多死社会に備える

介護の未来と最期の選択

長岡美代
NAGAOKA MIYO

JN066544

HEIBONSHA

多死社会に備える●目次

はじめに

団塊世代の高齢化が進むなか、死亡者が急増する〝多死社会〟が間もなく到来する。膨らむ医療・介護ニーズを見越し、政府は「ときどき入院、ほぼ在宅」のかけ声で、病院のベッド数を減らす代わりに、自宅や老人ホーム（介護施設）での療養・看取りを進めている。しかし、それを後押しするはずの公的介護保険を取り巻く状況は、厳しくなるばかりだ。介護人材の不足も深刻化している。

私はフリーランスの記者として、20年以上前から介護現場の動向を取材するとともに、制度・施策・政策が現場に与える影響や問題点などを追いかけ、それらをさまざまな媒体を通してあぶり出してきた。そのなかには制度の見直しにつながったものがある一方、いまだ抜本的な解決に至らないまま放置され、制度の存続が危ぶまれるような事態も起こりつつある。人口ボリュームの大きい団塊世代の介護ニーズが本格化する前に、制度を構造的に改革すべき時期に来ている。

第一部では、これまでの取材を踏まえ、介護現場でいま何が起こっているのかをレポートするとともに、介護を取り巻く未来がどうなっていくのかを年表形式で2040年まで展望した。コロナ禍で先行きが不透明な時代となっているが、少しでも老後への準備と心がまえにつなげてもらえたらと思う。

第二部では、これから迎える多死社会に向けて、看取りの現状を踏まえ、どうすれば納得のいく最期を迎えられるのかヒントを提示した。平穏死や尊厳死といった〝死に方〟への関心は高まっているが、誤解も見受けられる。「こんなはずではなかった」とならないよう、世間の情報に振り回されない知恵を身につけることが必要とされる。自宅で最期を迎えた私の母親や知人の実録も、役立ててもらえたら嬉しく思う。

私たちは長寿と引き換えに、最期をどう迎えるのか自ら選択しなければならなくなった。本書がその一助になれば幸いである。

2020年12月

介護・医療ジャーナリスト　長岡美代

第一部　介護の未来年表

第一章　2020年　介護崩壊へのカウントダウン

先細りしていく介護保険

〝介護の社会化〟をうたって2000年4月に始まった介護保険制度は、いまや11兆円のマーケットにまで成長し、コンビニ業界に匹敵する市場規模となった。介護サービスを利用する人は約487万人（2019年4月現在、厚生労働省調べ）にのぼり、65歳以上の高齢者が負担する介護保険料は全国平均で月5869円と、制度が開始された当初に比べ約2倍に増えた。

市場拡大の牽引役となったのは、まぎれもなく株式会社などの民間事業者だ。

制度が始まる前は、自治体の措置で介護サービスが提供され、担い手の中心は特別養護老人ホームなどを運営する社会福祉法人だったが、介護保険で民間に門戸を広げたことによって飛躍的にサービスが拡充した。

制度がスタートした前後の様子を私も取材していたが、当時の現場はとにかく活気があって、利用者に選ばれるサービスを提供しようと努力している職員や事業者を頼もしく感じたものだ。

介護保険制度の財源は、2分の1が税金、残りの2分の1は40歳以上の国民が負担する介護保険料で成り立っている。当時は政府も「保険あってサービスなし」と揶揄されないよう、サービスの利用をどんどん促していた。

介護保険のサービスを利用するには、市町村において「介護が必要」だと認定される必要がある。そのための手続きである「要介護認定」の基準はいまとは段違いにゆるく、軽度の利用者が大幅に増えていった。いまとなっては笑い話だが、自転車をこいで窓口に申請に来る高齢者もいるくらい周知も進んだ。

しかし、そうした風向きが大きく変わったのは、2005年頃からだ。

介護保険の市場（総費用）が制度創設時の3・6兆円から6・4兆円に急増するや、サービスの縮小にとどまらず、〝介護予防〟の必要性が声高に叫ばれるようになった。特別養護老人ホームなどの介護施設では、食費と居住費（部屋代）が保険から切り離され、利用者に負担が求められた。

事業者が受け取る介護報酬も、「制度の持続性」を理由にマイナス1・9％に引き下げられ、前回改定（マイナス2・3％）に続くマイナス改定となった。

先述したように、介護保険の財源の半分は税金（公費）で賄われているので、市場の拡大はすなわち公費の支出増にもつながる。高齢化の進展で医療費のみならず、介護の需要も増大することが見込まれるため、政府はサービスの抑制に舵を切ったのだ。

さらに、一律1割だった自己負担は、一定の所得がある利用者を対象に2015年8月から2割に引き上げられ、2018年4月からは3割負担も導入された。

社会保障の充実を旗印に、政府は消費税を2014年4月に5％から8％へ、2019年10月には10％に引き上げたはずなのに、介護保険は相変わらず「制度の持続性」を口実に、軽度者向けを中心にサービスがどんどん縮小され、利用者の負担は増えるばかりだ。

もはや介護現場からも活気がすっかり失われ、疲労感がただよっている。

「東京圏介護破綻」のウソ

政策のミスリードによって生じた深刻な人手不足も、現場に追い打ちをかけている。

「近隣で施設がどんどん建てられるので、介護職員の争奪戦が繰り広げられている。ようやく採用できたと思ったら、仲間を引き連れて辞めてしまうこともある。職員の退職で、ベッドに空きがあっても受け入れを制限せざるを得ない」と、埼玉県内にある特別養護老人ホームの施設長はため息をつく。職員を募集しても問い合わせがないため、先行きの見通しがたたないという。

新型コロナウイルス感染症の拡大で失業者が増えているものの、介護職員の有効求人倍率（求職者ひとりに対する求人の件数）は3・85倍（2020年10月）と高止まり状態が続いており、改善する兆しは見えない。施設のなかには人手不足でベッドをフル稼働できず、オープンから1年経っても満床にできないケースもあるほどだ。

首都圏の施設も例外ではない。東京都郊外にある特別養護老人ホームの施設長は、次のような事情もあると説明する。

「特別養護老人ホームは、最低でも入居者3人に介護職員1人を配置しなければなりませんが（3対1基準）、実態は2・5対1や2対1以上など基準より手厚いのが一般的です。しかし、それも人材難で維持できなくなっています。転倒など事故のリスクや職員の負担を考えると、安易に受け入れられない場合もあるのです」

特別養護老人ホームは2015年度から原則、「要介護3〜5」の中重度者に入居が限定され、職員による見守りや食事介助などの手間が増えている。加えて2019年度からは、働き方改革関連法の施行によって職員に有給休暇も消化させなければならず、現場は余裕がなくなるばかりだという。

ここで思い出してもらいたい。

首都圏といえば、元総務相の増田寛也氏（日本郵政代表執行役社長）が率いる日本創成会議が2015年、団塊世代の高齢化で〝介護難民〟が発生するとして、

「東京圏介護破綻」を警告したことは記憶に新しいだろう。

同会議は人口減少と都市部への人口の一極集中による「地方消滅」を打ち出して有名となったが、それに続く提言として注目を浴びた。膨らむ介護ニーズに施設の供給が追いつかず、回避策として地方への移住を促したのだ。

その後押しもあって、政府は同年末、特別養護老人ホームの待機者を解消して、介護を理由に離職する人を減らそうと、２０２０年代初頭までに約50万人分の施設を確保する「介護離職ゼロ対策」を打ち出した。いわゆる〝アベノミクス第３の矢〟である。

当時、すでに約38万人分の施設整備が計画されていたが、団塊世代のすべてが75歳以上となる２０２５年の需要を〝先取り〟し、追加で約12万人分の上乗せ・前倒し整備が進められたのだ。

その結果、短期間で施設が急増したため、介護現場ではそれまで以上に人手が確保できなくなっただけでなく、施設の稼働率も低下。全国的に空きが目立つようになっており、自治体の窓口には「もうこれ以上、施設をつくらないで欲しい」と既存の施設から訴えが寄せられるほどになっている。

厚生労働省が民間のシンクタンクに委託して調べた結果、２０１８年度からの３ヵ年計画において全国市町村の67・５％が特別養護老人ホーム（定員30人以上）の建設をすでに見送っている。近年は、市町村・県議会からも施設の建設を要望する声が上がらなくなっているという。

さらにここにきて、日本創成会議の提言やデータ作成に協力していた大学教授までもが「東京圏で施設が不足しているという話はほとんど聞かれない」（『社会保険旬報』２０１８年10月21日号）と提言を軌道修正し始めたが、もはや時すでに遅しだろう。

野放しにされる民間施設の急増

なぜ政府の見通しは狂ってしまったのか。

その要因の一つが、民間施設の急増である。とりわけ有料老人ホームのなかでも「住宅型ホーム」と呼ばれるタイプは全国約29万床にのぼり、「介護付きホーム（＝

表1　特別養護老人ホームと民間施設のおもな特徴

	公的	民間		
	特別養護老人ホーム	有料老人ホーム		サービス付き高齢者向け住宅
		介護付き	住宅型	
対象者	原則「要介護3」以上（自治体が入居優先度を規定）	要介護者向け（施設による） 自立者向けも一部ある		要介護者向け（住宅による） 自立者向けも一部ある
介護体制	3対1以上*1	3対1以上*1	別途契約*2	別途契約*2
特徴	中重度者向けの終身型施設。 住民税非課税世帯には居住費と食費の軽減策がある	規定の介護・看護職員が常駐し特養並みのサービスを提供。 立地や設備、経営方針によって入居費に大きな差がある	食事は提供されるが、介護は併設または外部の事業所を利用。 開設に規制がなく、近年急増している	安否確認と生活相談が付いたバリアフリーの集合住宅。 約8割は介護事業所を併設し、入居者向けにサービスを提供

＊1：入居者3人に対して、常勤換算で介護職員1人を配置
＊2：ケアプランに基づいて個々に介護サービスを提供

特定施設入居者生活介護施設）」の約25万床を上回る勢いで増えている（2019年6月末現在、厚生労働省調べ）。

介護付きホームは規定の介護・看護職員を配置したうえで自治体の指定が必要なのに対し、住宅型ホームは開設に規制がなく、届け出だけで運営できるからだ（表1）。

さらに政府は2011年度から、安否確認が付いた「サービス付き高齢者向け住宅（サ高住）」の建設費にも国費を投入して民間参入を喚起したので、その数は全国約26万床

（2020年12月現在、国土交通省調べ）にのぼる。

サ高住は表向きは賃貸住宅だが、約8割は訪問介護やデイサービスなどの介護事業所を併設・隣接して入居者に介護サービスを提供しているので、実態は要介護者の受け皿となっている。住宅型ホームも同様である。

しかも、住宅型ホームやサ高住に併設・隣接した事業者が受け取れる介護報酬は、介護付きホームよりも高い。中度ランクの「要介護3」であれば最大で月約27万円、もっとも重度の「要介護5」は最大で月約36万円になる。そのため事業者の参入も増えた。

ところが、住宅型ホームとサ高住（特定施設入居者生活介護施設の指定を受けたものを除く）は、介護保険上はいずれも「在宅（居宅）」、すなわち「住まい」として扱われ、国や自治体が計画的に整備する「施設」として位置づけられていない。

そのせいで自治体が策定する施設の整備計画にいっさい織り込まれていないばかりか、日本創成会議が提言の根拠として示したデータでも、この分がすっぽり抜け落ちていた。

つまり、実態として施設が増えているにもかかわらず、あたかも不足しているかのように装い、多額の公費を投じて特別養護老人ホームなどの施設を増やしたわけだ。その結果、全国的に施設がだぶつき、人材不足はますます深刻化した。ハコモノの整備にばかり力を入れ、肝心の人材確保策はろくに検討していなかったのだから、なおさらだろう。

それでも入居費が安いなら意味があるのかもしれないが、政府は特別養護老人ホームの個室化を進めているので、費用面でも民間施設と大差がなくなっている。なかには月20万円近くかかる特別養護老人ホームもあり、低所得者が入りにくくなっている。むしろ民間施設のほうが安い地域もあるくらいだ。

特別養護老人ホームの運営は、各種税金の支払いが免除されている社会福祉法人が担っているが、そもそも民間施設との役割分担もできていない。公費を使って必要以上に特別養護老人ホームを増やすことは税金の無駄遣いになるだけでなく、介護保険料の高騰にもつながりかねないので、適正な整備量を検討する必要があるのだ。

そこで私は、まずは施設の供給が実態としてどの程度進んでいるのかを明らかにしたいと考え、2017年夏に月刊誌『中央公論』と共同で、全国調査を実施した。各自治体にアンケートを送り、要介護者向けの全施設のベッド数を開示してもらうとともに、住宅型ホームやサ高住の定員数も足し合わせて、各地のベッド数を明らかにした。

さらに、市町村が推計している「要介護3〜5」の認定者数を施設のニーズ、すなわち需要とみなし、それに対して各地でどれだけベッド数が割り当てられているかを「ベッド供給率」として算出した。

ちなみに、日本創成会議では高齢者人口に対するベッドの充足率（＝供給率）を集計していたが、それだと介護の必要がない人まで含まれていて実態がわかりにくい。「要介護3〜5」であれば、歩行や排泄など生活全般に介助が必要で、特別養護老人ホームの入居対象者とも重なるので、施設のニーズとして適当だと判断した。

集計の結果、驚くべきことが明らかになった。なんと、政令市と中核市におけるベッド供給率は平均97・7％にのぼり、「要介護3〜5」の中重度者がほぼ全員入居できるほど充足していることがわかったのだ。

しかも、ベッド数が認定者数を上回っている地域もみられ、札幌市やさいたま市、名古屋市、宮崎市など全体で4割を超えていた。これでは、人材不足や施設の定員割れが生じるのも当たり前だろう。

乱造される特別養護老人ホーム

特別養護老人ホームの待機者数が多いことで知られる東京都も、例外ではない。今回の集計ではベッド供給率は都内全体で約70%と、ほかの地域と比べると一見、少ないように思える。しかし、これには東京都ならではの特殊な事情がある。

都内でも23区内は用地の確保がむずかしく、地価も高いため施設の整備が思うように進まなかった。そこで1990年代に都は23区内の住民向けに、都心から電車で1時間程離れた八王子市や西多摩地域で大量の施設を建設。いわゆる〝ベッド買い〟と呼ばれる手法で、これら郊外の施設に区民向けの入居枠が確保され、地域のニーズをはるかに上回るベッド数が整備されてきた。

ところが近年は、国有地や区有地などの活用で都心でも特別養護老人ホームの建設が急ピッチで進む。東京都が団塊世代の需要を見越し、2025年度末までに6万2000人分の施設を整備する目標を掲げているからだ。

加えて、サ高住や介護付きホームに対しても、都は独自に建設費を助成して民間の供給を掘り起こしているので、郊外型の施設では入居者が思うように確保できず苦戦する施設が続出。過去の〝ベッド買い〟への対策を講じないまま、施設を増やせるだけ増やしたツケが回っているのである。

西多摩地域にある特別養護老人ホームの施設長は、窮状を訴える。

「以前は23区内から入居者を紹介されることが多かったのに、昨今はめっきり減りました。都心でも民間も含め施設が増えているので、家族も通いやすい近場を選びます。さらに関東では、群馬県や栃木県、茨城県などでも民間の安い施設がどんどんできているので、入居者確保は厳しくなるばかりです」

東京都内でも23区と市町村では事情が大きく違うので、ベッド供給率が一概に低いとは言えないわけだ。しかも最近は、区内でも待機者の数が激減している。表向きは1000人超の申し込みがあるものの、「要介護3」以上で、かつ緊急性の高い人は僅か1割超程度という地域もある。

練馬区内で特別養護老人ホームを経営する法人の理事長は、待機者が必ずしも入居するとは限らないと話す。

「ベッドに空きが出て待機者に連絡しても、複数の施設に申し込んでいたり、すでに民間の有料老人ホームに入居していたりする人もいて、断られるケースが増えています。医療依存度が高く、そもそも受け入れられない状態の人も申し込んでくるので、実質的な待機者はわずか数人という月もあるくらいです」

ひと昔前までは、特別養護老人ホームの空きが出るまで民間施設で入居待ちをする高齢者もみられたが、いまは空きが出ても転居しなくなっている。

さらに近年は、入居者の重度化でベッドの回転率も速まっている。区内にある特別養護老人ホームの幹部は、「入居してから末期のがんだとわかったり、看取りが相次いだりすることもめずらしくありません。待機者も意外に早く順番が回ってくるので驚かれます」と話す。

23区内にある法人の理事長もこう指摘する。

「うちのエリアにある特別養護老人ホーム全体では、看取りで年間500人前後が退居していくうえ、民間の有料老人ホームやサ高住でも要介護者を受け入れ、重度になっても住み続けている例が増えています。待機者の実情を考えれば、これ以上特別養護老人ホームを増やす必要はないのではないか」

実際、都内にある全ての特別養護老人ホームの入居率は、2014年3月末の97・2%から2020年3月末には95・1%へとじわじわ低下している（図1、東京都調べ）。単純に定員から入居者数を差し引くと、2468床もの空きベッドがある計算となる。

都内の特別養護老人ホームの運営法人が加盟する東京都社会福祉協議会の調査によれば、入居率が95・5%を下回ると施設の経営が厳しくなることがわかっており、すでにその領域に達している。赤字施設は入居率の平均が92・5%だったが、コロナ禍で面会制限が行われているだけでなく、感染のリスクを恐れて入居させるのをためらう家族も少なくないため、先行きが不透明な状況が続いている。

図1-1　東京都内の特養ホームの定員数と入居率の推移

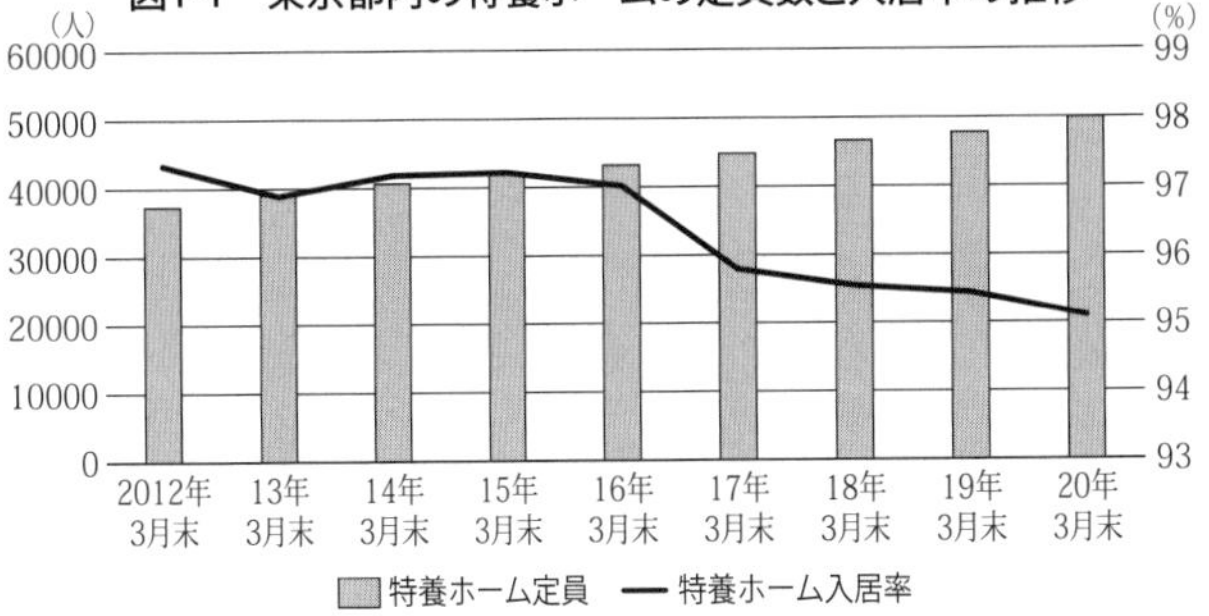

図1-2　東京都内の有料老人ホームの定員数と入居率の推移

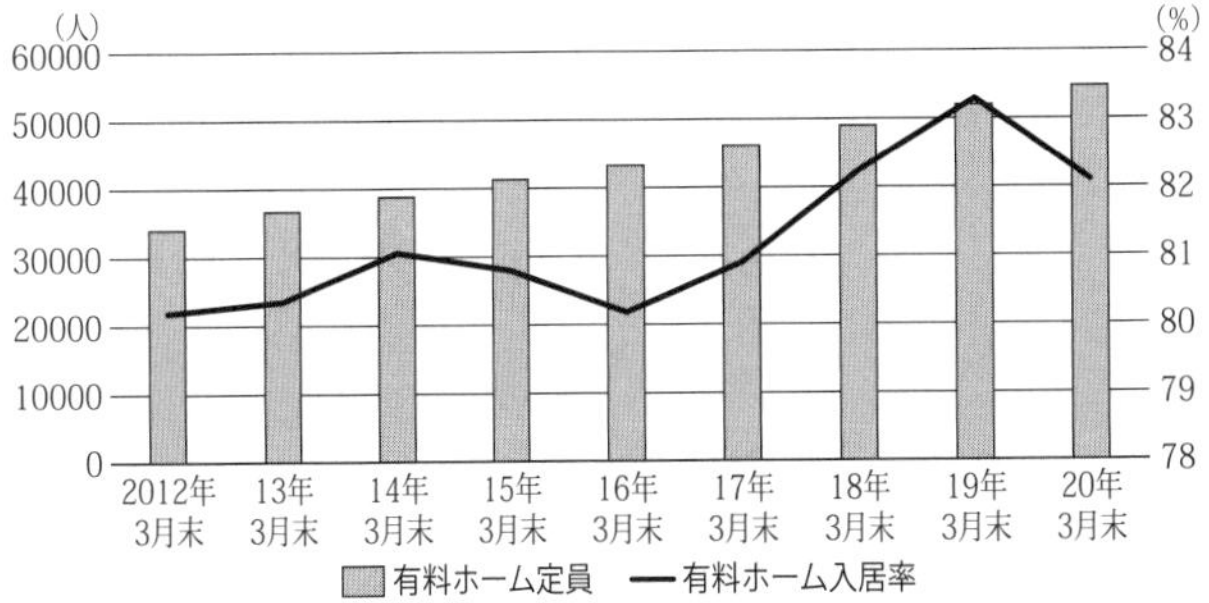

注１：入居率は東京都のデータをもとに筆者が独自集計
注２：有料老人ホームは「介護付きホーム」と「住宅型ホーム」の合計
（出所）東京都「福祉・衛生行政統計」

〝見せかけ〟の待機者数に踊らされる国民

そもそも施設をどのくらい整備すべきなのか、確たる指標もない。

かつて厚生労働省は、「要介護2～5」の認定者に対し特別養護老人ホームを含む介護施設の総定員を37％以下にする「参酌標準」を示していたが、「国が一律に数値を決めるのは妥当ではない」などといった理由から2010年に撤廃された。

定員が30人以上の特別養護老人ホームは、全国どこの住民でも入居することができるが、整備にあたっては設置する市町村が必要なベッド数を検討し、それを県がとりまとめて地域のバランスをみながら調整を加え、最終的に3カ年に一度策定される介護保険事業計画に盛り込まれる。

だが、施設の需要を見込むための指標が検討されないまま、単に入居待機者を解消することだけが目標とされがちで、「300人の待機者がいるので300床増やす」といった計画がまかり通っているのだ。

もちろん待機者は流動的なので、その後に民間の施設などに入居してしまう場合もある。さらに、「いざというときのために」といった〝お守り的〟な申し込みも含まれているため、蓋を開けたら希望者は5分の1以下、あるいは数人という例もめずらしくない。

厚生労働省が公式に発表している全国約29万人（2019年4月現在）の待機者数というのは、これらを集計しただけに過ぎないので、そのまま鵜呑みにするわけにはいかない。各施設が公表している待機者数も、複数の施設に申し込んでいる人も含まれているため、実態とはかけ離れている。

つまり、待機者の数だけで特別養護老人ホームの必要性を判断すること自体が意味をなさなくなっているのに、いまだに待機者数を目安に施設の整備計画が立てられているので、実際の需要との乖離がますます大きくなっていくわけなのだ。

それに対し、厚生労働省は事態を黙認。しかも正味需要を反映していない待機者数の多さばかりを喧伝するので、国民はいまだに特別養護老人ホームを〝狭き門〟だと思い込まされているのだからタチが悪い。政府の「介護離職ゼロ対策」、いわゆる〝アベノミクス第3の矢〟も、この待機者数に基づいて決定された。

私が月刊誌『中央公論』において、「要介護3～5」の認定者数を施設のニーズ、すなわち需要とみなし、それに対して各地でどれだけベッド数が割り当てられているかを「ベッド供給率」として算出したのは、何とか実態を把握してもらおうとした試みなのだ。

人手不足で訪問介護も消滅の危機

施設が増えるのはもちろん悪いことばかりではないが、増え過ぎると入居者の取り合いだけでなく、人手不足に拍車がかかり介護職員の争奪戦も生じてしまう。結果、共倒れすることにもなりかねない。

すでにその兆候は表れている。信用調査大手の東京商工リサーチによると、2019年の1年間で介護事業者・施設の倒産は111件にのぼり、過去最多の2017年と並んだことが明らかになった。人手不足と稼働率の低下が背景にあるとされ、特別養護老人ホームでさえも、倒産や休止で入居者が住処を追われるケースが出ている。

さらに厳しいのは、倒産が58件にのぼった訪問介護で、前年比28・8％増となっている。民間事業者の質を高める全国介護事業者連絡協議会の調べでも、訪問介護事業者の24・5％が赤字となっており、将来的に事業の「縮小」もしくは「休廃止」を予定している事業所は2割を占めた。

「なぜ在宅サービスが？」と思われるかもしれないが、実は、施設が急増したあおりを受けて競争が激化するとともに、担い手であるヘルパーを確保できず、事業から徹退する例が相次いでいるのだ。

ヘルパー（パートタイムを含む）の有効求人倍率は、２０１５年度の7・04倍から２０１９年度は15・03倍へと急上昇（厚生労働省調べ）。サービスを調整するケアマネジャー（介護支援専門員）は、利用者に希望する時間をずらしてもらったり、複数の事業所での対応をお願いしたりするなどの調整に追われている。

とりわけ都市部の状況は厳しい。図2は、東京都内における訪問介護事業所の指定（開設）と廃止の推移を独自に調べた結果だが、２０１６年度から廃止が指定の件数を上回っている。

図2　東京都内の訪問介護事業所の新規指定および廃止件数の推移

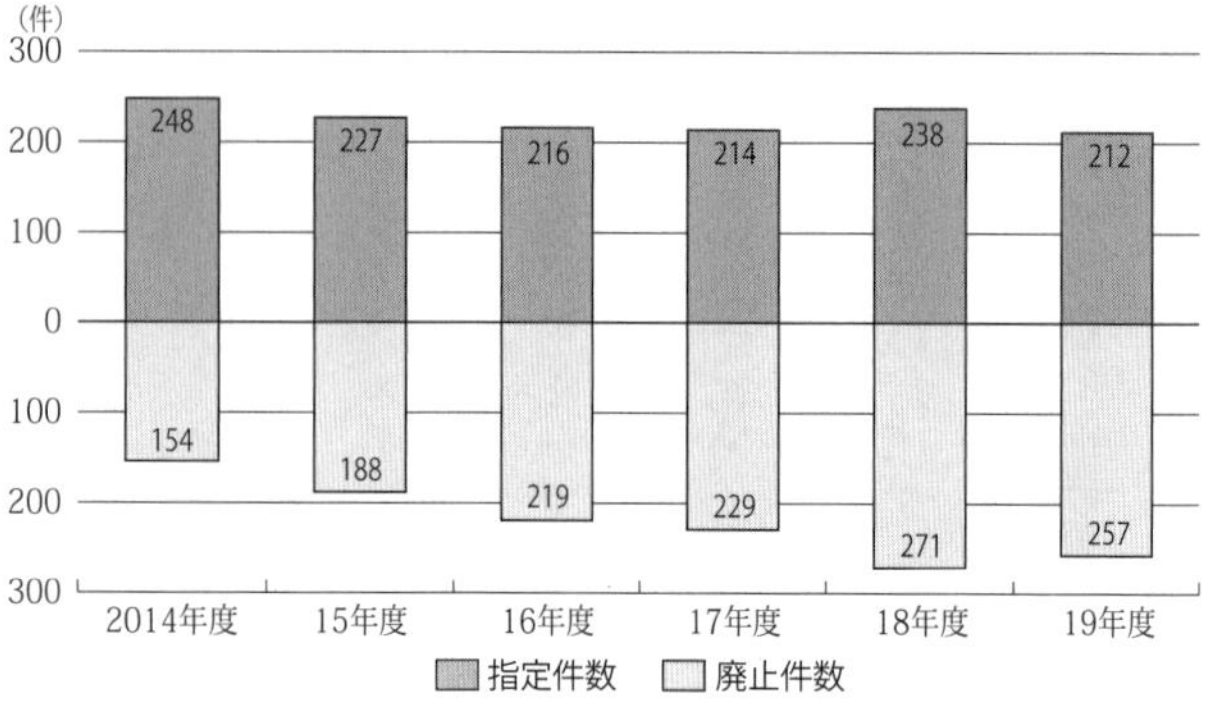

注：指定件数とは、東京都などから開設の基準を満たして指定を受けた事業所数。
廃止件数とは、東京都などに廃止を届け出た事業所数（事業所が更新申請しなかった分を含む）。
（出所）東京都および八王子市への取材をもとに筆者作成

訪問介護事業所からの撤退を決めた東京都内の法人幹部は、「人手不足で人材を確保するためのコストがかさみ採算がとれなくなりました。ヘルパーのなり手も見つからない。これ以上、事業を続ける意味が見出せなかった」と、内情を吐露する。

働く側からすると、訪問件数（時間）に応じた給与で、しかも利用者の入院などで仕事が急にキャンセルになる訪問介護より、安定した給与が見込める施設のほうが好まれやすいのだという。

訪問介護はおもに「登録型」と呼ばれるヘルパーで支えられ、各人の自宅から支援が必要な高齢者宅に出向き、仕事を終えると自宅に戻る働き方が一般的だ。かつては「自分の都合で働く時間が決められる」などの理由で40代から50代の女性が活躍していたが、昨今は担い手が思うように確保できず、ヘルパーの高齢化が進む。60代から70代が中心となっていて、80代の現役もめずらしくない。

「次世代がなかなか入ってこないので、事業継続はむずかしい」

老舗の介護事業者として知られる経営者は、現在在籍しているヘルパーが働けなくなったら訪問介護から全面撤退することを決めているという。

このままでは在宅サービスは縮小していくばかりで、近い将来、介護が必要になったら自宅で暮らすことはできなくなってしまう恐れがある。現場からは「ヘルパーが消滅するかもしれない」という危機感も高まっている。

コロナ禍で、通いのデイサービスや施設のショートステイの利用を断られ、その分、訪問介護への依頼が急増したが、〝最後の砦〟とも言えるサービスを絶やしてはならない。

施設依存からの脱却を目指せ

そのために、もう一つ解決すべき課題がある。同じ訪問介護でも、昨今急増している住宅型ホームやサ高住に事業所を併設・隣接した場合は、経営面も順調なのだ。というのも、入居者を囲い込んでサービスを利用してもらえば、安定的に収入が得られるだけでなく、移動にも時間がかからないので効率もいい。なかには必要以上のサービスを提供する事業者も存在する。

本来はケアマネジャーと相談して、必要なサービスの種類や回数を決めなければならないが、最初から「訪問介護の利用は週□回になります」などと本人の希望を無視したサービスを押しつける例が横行。いわゆる〝不当な囲い込み〟と呼ばれるやり口だ。

架空請求や水増し請求などの不正も多発しているため、厚生労働省はサ高住などに併設した介護事業所への実地指導を強化するよう、都道府県等に補助金（国費）を支給しているほどだ。

しかも、事業者が得られる収入は介護施設よりも多い。「在宅」と位置づけられるサ高住や住宅型ホームでは、月単位でサービスの利用上限額が決められているが、大阪府の調べによると上限額の約8割から9割を利用していることが明らかになっている。戸建てなど本来の自宅に住んでいる要介護者が上限額の約5割から6割しか利用していないのと比べても、いかに多いかがわかる。

戸建て向けのサービスは移動に時間がかかるが、サ高住など1カ所に入居者が集まっている場合は、当然ながら労力やコストも抑えられる。安否確認などのために職員も常駐させているのだから、本来は戸建て向けよりもサービスの利用頻度が少なくなってもいいはずだが、そうなっていない。過剰にサービスが提供されていると思われても仕方ないだろう。

先に示した、東京都内の訪問介護事業所の開設件数がそれほど減っていないようにみえるのは、サ高住や住宅型ホームに併設・隣接された事業所も含まれるからなのだ。戸建て向けのサービスとは事情がまるで違うのに、厚生労働省には抜本的に見直しする気配もない。これでは介護報酬が無駄に垂れ流されていくだけだ。

政府は、介護が必要になっても住み慣れた自宅で最期まで暮らせる「地域包括ケア体制」の構築を目指しているが、スローガンを夢物語で終わらせないためにも、早急にハコモノ優先の政策を改めるとともに、サ高住や住宅型ホームを実態に合わせて「施設」として位置づけ、報酬体系も見合ったものに見直すべきだろう。

それによって、人材不足の緩和にもつながることが期待できる。外国人材の活用ばかりが解決策ではないはずだ。

第二章　2025年　介護施設の倒産・M&Aが加速

団塊世代が〝後期高齢者〟に雪崩れ込む

皆さんは、「2025年問題」という言葉を聞いたことがあるだろうか。

戦後の第1次ベビーブーム期（1947年〜49年）に生まれた団塊世代のすべてが75歳以上の後期高齢者に〝なりきる〟時期で、膨らむ医療・介護ニーズにどう対応していくかが課題となっている。

厚生労働省によると、この頃には、要介護者は約771万人にのぼると推計され、「施設不足で介護難民が続出するのではないか」と懸念されている。

しかし、その点は心配いらない。全国的に施設がすでに供給過剰であることは、第一章で説明したとおりだ。

有識者のなかには、「（公的な）特別養護老人ホームが足りなくなるので整備を急ぐべきだ」と主張する人もいるが、そうした声には惑わされないで欲しい。介護の事情を知らない人が言っているだけだからだ。

かつては、入居費が安くて人気だった特別養護老人ホームも、個室化が進んでいるので民間の平均的な有料老人ホームと費用面で大差がない。なかには月20万円以上する例もあって、広々としたロビーや大理石の廊下に驚かされることもある。

特別養護老人ホームの建設には、1床あたり300万円から500万円といった多額の公費が投じられているが、それでも昔と比べると補助金の額は減った。その分、施設は自前で資金を用意しなければならないが、介護報酬だけでは賄えないので、居住費（部屋代）は貴重な収入源となっている。

そのせいで入居費が高くなって低所得者が入りづらくなり、代わりに民間施設が受け皿になっているのが実態だ。わざわざ公費を投じて特別養護老人ホームを整備する意義があるのか、また、民間施設との役割の違いは何なのかを検討すべきなのだが、声の大きい有識者の方々は、なぜかその点にはダンマリを決め込んでいる。

首都圏でも施設は不足しない

それはともかく、「いまは供給過剰でも、さすがに２０２５年には施設が足りなくなるのではないか」と疑っている人もいるだろう。

そこで私は、現状のベッド数（２０２０年度末までに開設が計画されている施設を含む）がそのまま変わらないと仮定して、２０２５年度における「要介護３～５」の中重度者（推計値）に、どれだけ割り当てられる見込みかを「ベッド供給率」として独自に計算してみた。

図3は、東京都内、および首都圏のおもな自治体の結果だが、数値が高いほど施設に入りやすいことを意味する。計画外の民間施設（住宅型有料老人ホームやサービス付き高齢者向け住宅）は需要に応じて増える余地があるので、その分は点線で仮定として示した。

首都圏のなかでも群を抜くのはさいたま市で、２０１７年度末に１３１・４％と認定者数を大きく上回る施設がすでに存在するが、２０２５年度になっても供給過

図3　1都3県の「ベッド供給率」予測

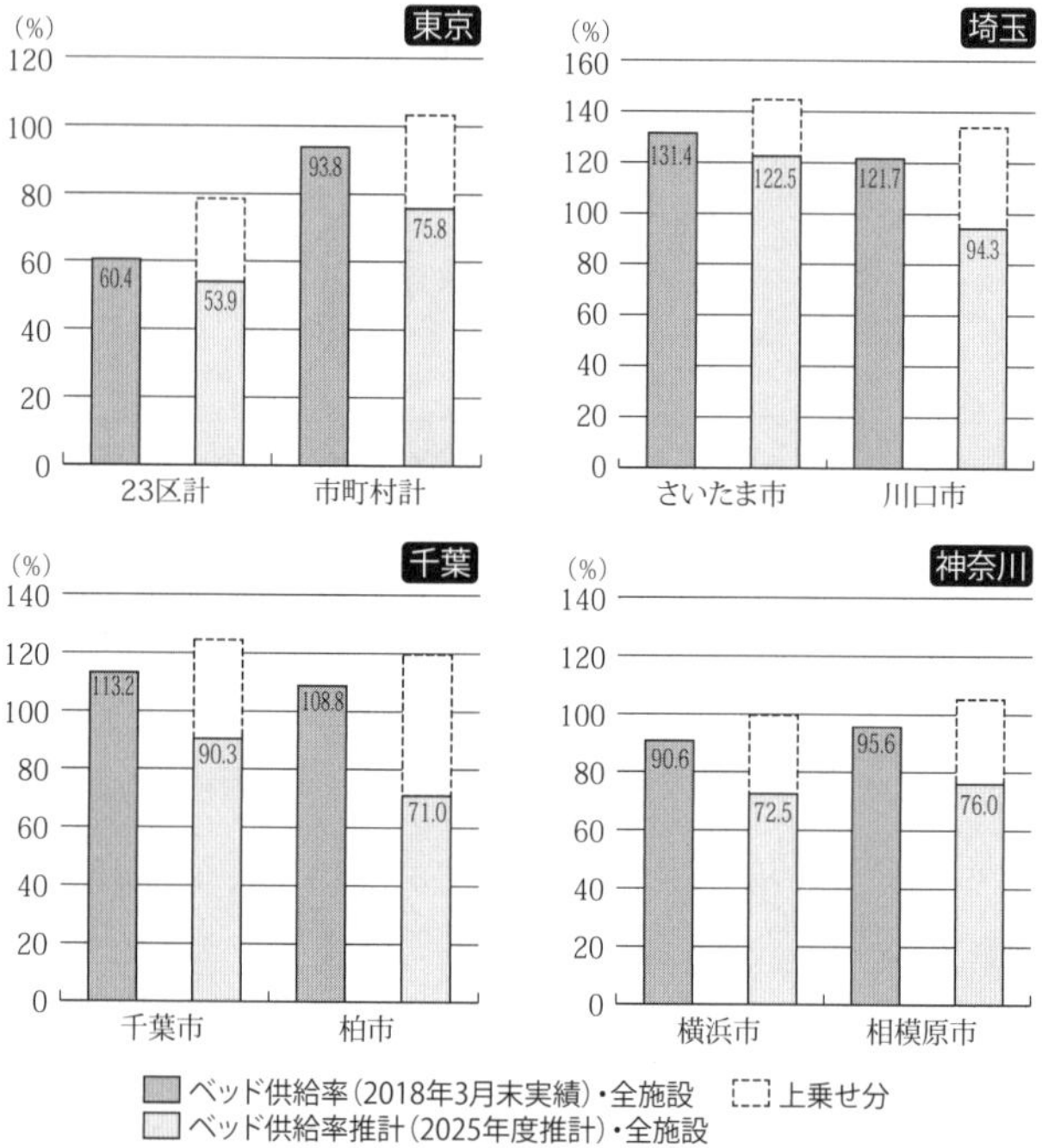

注１：ベッド供給率＝全施設の定員数／要介護３～５の認定者数で計算
注２：2025年度推計における「要介護３～５」の認定者数は、各自治体の介護保険事業計画上の数値を利用
注３：施設の定員数は、2020年度見込みの施設定員数と、2018年度の住宅型有料老人ホームやサービス付き高齢者向け住宅の定員数をベースに算出（点線は、これら施設の上乗せ分の余地を反映）
（出所）各自治体の介護保険事業計画およびヒアリングをもとに筆者作成

剰な状態は変わらない。これは、市が将来の需要を前倒しして施設の建設を急いだからだ。

そのほかの地域も程度の差こそあれ、施設が足りなくなるという状況ではない。

自治体の介護保険担当者に聞いても、「かなり整備できているのではないか」という意見が聞かれる。

病床削減を強行する「424ショック」

一方、病院のベッド（病床）数は削減されていくので、今後、治療を終えたら早期に退院させる流れは加速していく。高齢化で膨らむばかりの医療費を抑制するため、政府は「病院完結型」から「地域完結型」の医療・介護体制にシフトさせ、自宅や介護施設での療養や看取りを拡充する方針だ。

２０１９年９月、厚生労働省は「診療実績が少ない」などとして全国４２４（その後、約４４０カ所に見直し）の公立・公的（日本赤十字社などが運営する）病院を名指しして再編・統合（削減）を迫ったことがニュースでも話題になった。業界内では「424ショック」と呼ばれている。

病床の再編・統合については、団塊世代が75歳以上となる2025年までに目指すべき医療体制の将来像を示した「地域医療構想」を各都道府県が策定済みだ。地域の医療機関など関係者と話し合いながら調整していくことになっているが、思うように進んでいない。

それに業を煮やした厚生労働省が出してきたのが、病床削減を推し進めるための424ショックだったのだ。

翌月の政府の経済財政諮問会議でも、民間議員は過剰な病床が民間病院も含めて全国に約13万床あると指摘。これを受け安倍前首相は、病床の削減を着実に進めるよう関係閣僚に指示を出した。

ところが、2020年の年明けから新型コロナウイルス感染症が拡大したことで、入院できる病床の確保が懸念されるなど、わが国の感染症対策が不十分であることが露呈する。政府は、感染症対策を考慮しながら議論を進める方針を示さざるを得なくなった。コロナ騒動の終息が見込めないなかでは、強硬に病床の再編・統合を推し進めるわけにはいかないからだ。

ただ、事業者や全国民に配られた給付金などによって国の借金が増え、財政再建への道筋がこれまで以上に厳しくなった。いずれコロナ問題が終息すれば、再び病床削減への圧力は強まることが想定される。それによって、淘汰される医療機関は一定程度出てくるはずだ。

「介護医療院」で業界再編が進む

すでに政府はそれを見越し、２０１８年度に「介護医療院」という新たな施設類型を創設し、生き残り策を提示している。

介護医療院とは、容態は比較的安定しているものの、特別養護老人ホームなどでは対応のむずかしい医療依存度の高い要介護者などを対象とする〝介護施設〟で、医師や看護師も配置されている。看取りにも対応することが可能だ。病院に入院するほどではないものの、医学的な管理が必要な要介護者向けの施設である。

もともとは、２００６年度の医療制度改革で廃止が決まりながら、業界内からの反発をくらって何度も延期が繰り返されてきた「介護療養病床（介護療養型医療施設）」の転換先として制度化された。

当時の政府は、社会保障費を削減する狙いから、受け皿を確保しないまま介護療養病床の廃止だけでなく、慢性的な病気を抱える長期入院患者向けの「医療療養病床」も同時に削減を強行した。その結果、胃ろう（腹部に開けた穴から栄養を補給する方法）などの経管栄養や痰の吸引が必要な高齢者の行き場がなくなり大きな問題となった。そうした反省を踏まえて創設されたのが介護医療院なのだ。

現行では、介護療養病床の廃止は2023年度末まで延期されているが、それまでの間に政府は医療保険が適用される医療療養病床も含め介護医療院に移行させ、医療費を削減しようと考えているのである。

いまのところ、政府の思惑どおりに介護医療院が増えているわけではないが、財政再建への圧力が強まるのは必至なので、病院からの転換を促すための誘導策を講じてくるはずだ。将来的に、一般の病院（急性期病床）からの転換も認められる可能性がある。そうなれば2025年以降、病院と介護施設（介護医療院）が同じ建物内で共存するのが、当たり前になっていくだろう。

すでに、病院の上層階に見守り付きの「サービス付き高齢者向け住宅」を設置して退院患者の受け皿としている民間病院もあるが、病床削減が進めばこうした事例も増えていくはずだ。

そうなれば、患者や家族は病院から退院を迫られても、急いで別の施設を探す手間が省ける。しかも介護医療院の部屋は多床室（大部屋）が中心になりそうなので、支払う費用も抑えられ、家計としては助かるだろう。

しかし、そうした状況に危機感を抱いているのが介護業界、とりわけ施設の経営者だ。というのも、これまでのように病院から介護施設に患者が紹介されなくなるので、入居者を確保するのがむずかしくなるからだ。ただでさえ施設は供給過剰な状態だが、それに介護医療院という受け皿も加わるわけだから、経営難で施設の倒産やM&Aはますます加速していくはずだ。特別養護老人ホームでさえ淘汰が進み、入居者が退去を迫られる恐れもある。

ただ、介護医療院では、必ずしも手厚いケアが望めるとは限らない。容態の安定した要介護者にとって大切なのは医療よりも介護である。適切な介護が受けられれば、寝たきりだった高齢者が自力で起き上がれるようになったり、トイレに行けるようになったりする例も決してめずらしくない。

しかし、病院では転倒・転落などのリスク回避を優先して、患者の身体や手足をベルトで縛るなどの身体拘束が漫然と行われ、それが〝寝たきり〟をつくり出している面もある。介護医療院は介護施設として位置づけられるので身体拘束は原則禁止だが、介護医療院を経営する病院の意識改革がどこまで進むかは未知数だ。介護の手間を省くための〝寝かせきり〟が助長されるようでは、安心できる住処にはならない。

入院をきっかけに介護施設への入居を検討する場合は、病院からの紹介ばかりに頼ることなく、手間であっても、自分でほかの選択肢も探すよう心がけておきたいものだ。

第三章　2030年　孤独死と無縁仏が深刻化

高齢者向け住宅へ住み替える事情

「子どもがいないので、病気で倒れたらどうなるのか心配だった」

井村一雄さん（仮名・68歳）は数年前、大阪市内の自宅からサービス付き高齢者向け住宅（サ高住）に住み替えを決断した。定年後に離婚して独り身となり、心細くなったようだ。

サ高住の居室やトイレ、浴室には緊急コールボタンが据えつけられ、呼び出せばスタッフがいつでも駆けつける。緊急時には救急車を呼ぶなど医療機関につなげてもらえるので、安心できるという。

元気なうちに高齢者向け住宅に入居したシニア世代に、その理由を尋ねると、体調の急変時への不安がきっかけとなった例が圧倒的に多い。ひとり暮らしであればなおさらで、介護が必要となったときのことや、死後の手続きも気がかりとなってくる。

２０３０年には、単身世帯数が全国でピークを迎えるが、なかでも65歳以上高齢者の単身世帯は約７９６万世帯、夫婦のみ世帯は約６６９万世帯にのぼり、全世帯の約３割を占めるようになる（２０１８年1月推計、国立社会保障・人口問題研究所）。いざというときの安心を求めて、高齢者向け住宅に住み替えるシニア世代のニーズがいまよりも高まるかもしれない。

サ高住は、安否確認と生活相談サービスが付いたバリアフリーの賃貸住宅で、国費による建設費補助を追い風に全国約７７００カ所（約26万床）に急増（２０２０年12月現在）。ただ、家賃や共益費のほかに、生活支援サービス費もかかるので、一般の賃貸住宅を借りるよりも費用はかさみがちだ。全国平均で月約14万円。利便性のいい立地であれば、さらに高くなる。

しかも、入居者の9割を要介護者が占める。サ高住が制度化された当初は比較的元気なシニアの住み替え先になると期待されたが、事業者にとっては入居がすぐに決まる要介護者向けにしたほうが投資コストを早く回収できるうえ、介護事業所を併設・隣接すれば介護保険からの報酬も見込めるからだ。

介護はまだ必要としないが、緊急時の対応や食事の提供などを求めるシニア世代が住み替えられる高齢者向け住宅は限られている。

孤独死しやすいリスク要因

東京都内でも、オフィスビルや高層マンションの開発が著しい品川区。東海道新幹線の停車駅でもお馴染みのエリアだが、近年は若年世代の人口流入が進む。その一方で、高齢のおひとりさまが賃貸住宅を借りにくくなっている。「次の借り手が見つけにくくなる」「部屋に残された家財の処分に困る」などと家主が孤独死を懸念し、高齢者が入居を断られているのだという。

高齢のおひとりさまの増加によって、孤独死への対応に迫られる事態は全国どこの地域でも起こり得る。とりわけ深刻なのが、高齢の男性。大阪府監察医事務所が

2017年に大阪市内で発見された孤独死（ひとり暮らしの自宅死亡例、発見までに4日以上経過）1077人を調べたところ、8割超が男性で、そのうち60代から70代が68・0％と圧倒多数を占めた（図4）。

未婚や離婚の増加も背景にあるが、夫婦2人暮らしで妻に先立たれ、うつや引きこもりになるケースもある。隣近所との付き合いが苦手で、孤立しやすいのも男性だ。

内閣府が2018年、全国60歳以上の人に近所との付き合いの程度を聞いたところ、男性の単身世帯では「挨拶をする程度」が半数以上を占め、13・7％は「付き合いはほとんどない」と答えた。女性の単身世帯の6割以上が、日頃から挨拶以上の付き合いがあるのとは対照的だ。

さらには、家族など同居者がいても、発見が遅れる場合がある。「同居孤独死」と呼ばれ、近年増える傾向が見られるという。

「同居者がいて孤独死に至る理由として一番多いのは、認知症です。老夫婦2人暮らしで、認知症の妻を介護していた夫が急死し、妻がその事態を理解できなかった

図4-1　孤独死の年齢分布（大阪市内）

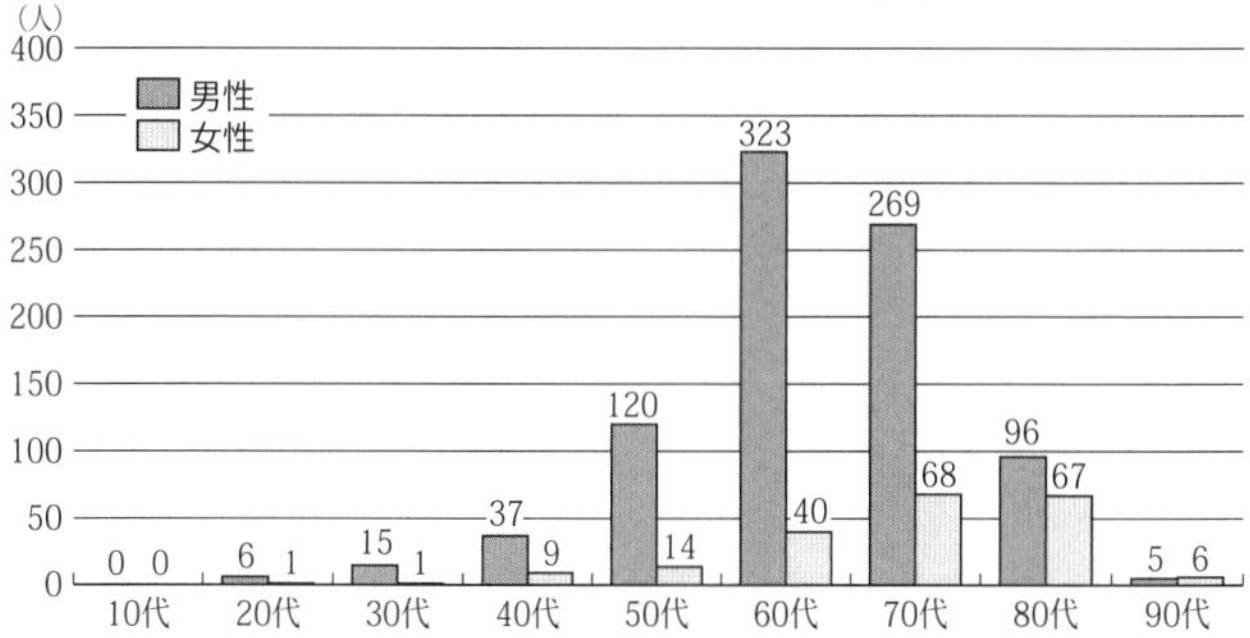

図4-2　孤独死発見までの経過日数（大阪市内）

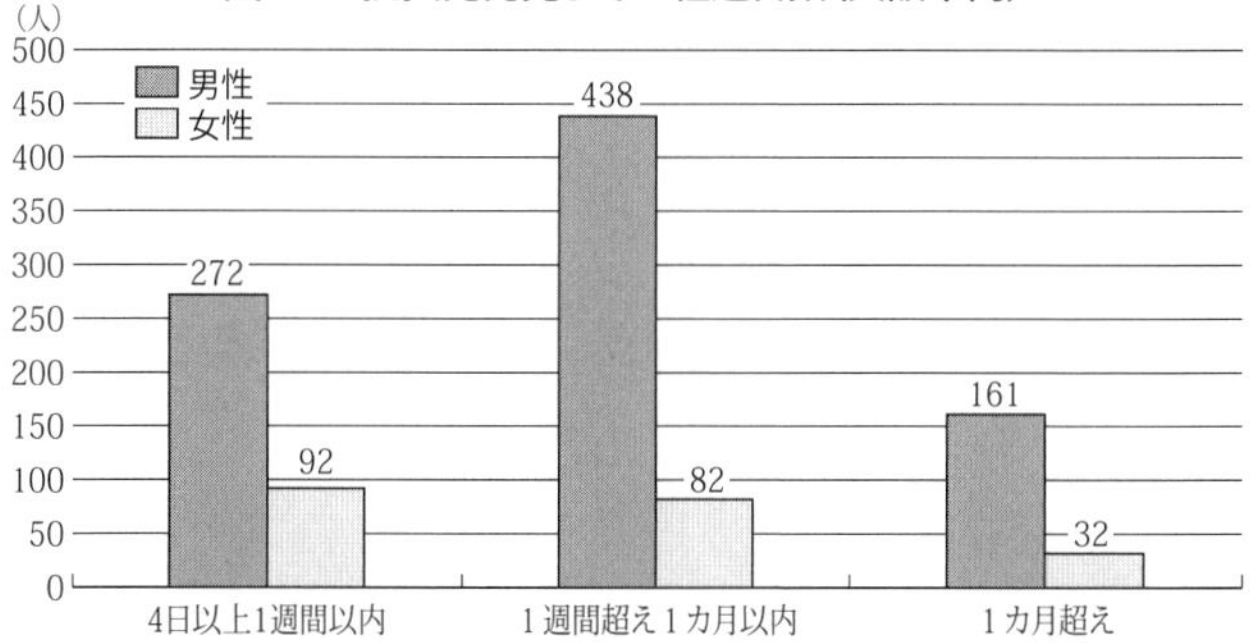

（出所）大阪府監察医事務所（2017年）

例では、周囲の人が心配して家を訪ねても「お父さんは寝ているので、起こすと怒られる」と確認することを拒まれ、発見が遅れました。同居者がいるからといって、孤独死と無縁ではないのです」（大阪府監察医事務所の担当者）

同居の家族らがいたにもかかわらず4日以上発見されなかった同居孤独死は、大阪市内で２０１９年に31件発生。このうち同居者の認知症が理由だったのは13件（全体の41・９％）で過去最多となった（同事務所調べ）。

２０３０年には、認知症高齢者は全国７４４万人から８３０万人にのぼると推計され、65歳以上の高齢者およそ五人にひとりの計算だ。国をあげて認知症薬の開発やケアの向上などに力を入れているが、孤独死の増加に備えた対策も求められる。単身世帯ばかりに目が向きがちな孤独死だが、意外な盲点だと言えよう。

おひとりさまの支援に乗り出す自治体

そうしたなか品川区では、家主の不安を解消して高齢者が転居先を探しやすくなるよう、入居後の見守りや家財処分などを支援する事業を独自に行っている。区が委託した品川区社会福祉協議会の職員がアパートを毎月訪問して安否を確認するとともに、緊急時にも対応。日常生活での困り事など相談にも応じる。さらに、死亡後も速やかに家財道具を処分できるよう、事前に本人と契約を交わしておく。

これなら家主も安心して部屋を貸すことができるだけでなく、高齢者も認知症になったり介護が必要となったりしても素早く必要な支援につなげてもらいやすくなる。同事業はまだスタートとして間もないので普及しきれていない面はあるものの、孤独死を防ぐことにもつながると期待されている。貸し手と借り手の双方の不安に配慮した至れり尽くせりの仕組みと言えるだろう。

それでいて利用者が負担する費用は2年間で４８００円のほか、緊急通報システム代として月３００円（住民税課税者は１０００円、電話料金は別）で済む。家財の処分代は間取りに応じて15万円（１Ｋ）からで、社協が預託金を管理。希望者にはオプションで、通院などの付き添いや各種手続き支援なども引き受ける。火葬や納骨も、低料金で依頼できるようになっている。

「入居者が将来、認知症になって近隣とトラブルを起こすのではないかという懸念も家主にはあります。その点、区社協は高齢者向けの支援で豊富なノウハウを持っています。家主の不安が軽減され、高齢者が長く住み続けられることにつながると期待しています」と、品川区の高齢者地域支援課長は話す。

いざというときに、親族の協力が得られない単身の高齢者も増えているだけに、自治体もその対策に乗り出さざるを得なくなっている。

終活情報を一元管理する横須賀市

高齢化率がすでに約31%に達している神奈川県横須賀市では近年、親族から遺体の引き取りを拒まれ、無縁仏として埋葬される単身の高齢者が増えているという。

「死亡者の身元がわからない場合は、市が親族を探し出して、遺体の引き取りや火葬を依頼しますが、身元がわかっても付き合いがないなどの理由で引き取られないこともあります」と、市福祉部の担当者は話す。

なかには墓の場所がわからないために、夫婦が別れ別れに埋葬された例もあるそうだ。せっかく終活で生前に墓を用意していたとしても、周囲にその情報が伝わっていないと、無縁仏になりかねない。万一のときに、どうやって本人の意思を関係者につなげるかは課題だ。

そこで横須賀市は、2018年から終活情報を生前に登録しておく「わたしの終活登録」という事業をスタートさせた。あらかじめ本人が葬儀の契約先や墓の所在地などを市に登録しておくと、死亡時に関係先に情報が伝えられる仕組みだ。

緊急時の連絡先をはじめ、かかりつけ医や服用薬、エンディングノートの保管場所なども任意で登録できるので、急病時にも役立つ。

本人が不測の事態に直面した場合には、消防署や警察署、医療機関、福祉事務所からの問い合わせに市が応じるほか、本人が事前に指定しておいた開示先にも市から情報が伝えられる。

「単身者が急死すると、本人が生前に葬儀社と契約していたにもかかわらず、警察が別の葬儀社に依頼してしまうことがあります。墓の場所も遠縁の親族だと、把握しているとは限りません。役所が情報を一元的に管理することで、本人の意向に沿った支援につなげやすくなります」と、市福祉部の担当者は事業の意義を語る。

住民からも「こういう仕組みを待っていた」と評判は上々で、なかには離れて暮らす子どもにエンディングノートの保管場所が伝わるよう、登録を申し出る高齢者もいるそうだ。全国各地の自治体からの視察も相次いでいる。

親族に頼れない単身の高齢者にとって、死亡後の葬儀や納骨は気がかりの一つだ。樹木葬や海洋散骨など自分らしい身じまい方を考え、生前に準備する例は増えつつあるものの、万一のときに契約先につなげる人がいなければ水泡に帰す。横須賀市の事業は、その解決策として期待できる。

自治体にとっても、無縁仏の増加は火葬代の出費が伴うので、好都合だろう。「わたしの終活登録」の当初予算額はわずか7万円程度というのだから、全国の自治体でも同様の取り組みをぜひとも検討してもらいたいものだ。

第四章　２０３５年　がん患者の死亡急増で救急医療がパンクする

団塊世代の介護ニーズが本格化

わが国は「国民皆保険制度」といって、すべての国民が公的医療保険に加入することを義務づけられており、全国どこでも健康保険証があれば等しく治療が受けられる。それに対し、40歳以上の国民が加入する公的介護保険は、希望すれば介護サービスを利用できるわけではない。

まずは住所地のある市町村に要介護認定を申し出て、「要支援1、2」または「要介護1～5」のいずれかに認定されなければならない。調査員が心身の状態や生活の状況を本人や家族への聞き取りなどを通じて把握したうえで、主治医（かかりつけ医）の意見書も踏まえて、専門家による合議体（市町村の介護認定審査会）で判定が下される。

現在、要介護認定を受けているのは65歳以上高齢者の約18・2％だが、75歳以上に限ると約3人に1人、85歳以上になると2人に1人以上となる。政府は〝介護予防〟の対策に躍起となっているが、やはり寄る年波には勝てない。

人口ボリュームの大きい団塊世代が、85歳以上になりきる2035年は、まさに介護サービスの需要が大きく膨らむ時期だ。経済産業省の推計によると、要介護者は約960万人にのぼり、2020年と比べ約3割増になると見込む。

取り沙汰されている「2025年問題」は序の口に過ぎず、医療・介護ニーズが本格化する「2035年」に焦点を当てた対策こそ必要とされる。亡くなる人の数も急増することが見込まれ、2017年に比べ約32万人増の年166万人が死亡すると推計されている。各地の火葬場はフル稼働を余儀なくされ、茶毘に付されるまで長く待たされることになるかもしれない。

看取りの場も一変しそうだ。現状では死亡者の7割超が医療機関で息を引き取っているが、この頃にはよほどの事情がない限り、介護施設（住宅型有料老人ホームや

図5　おもな死亡場所の推移

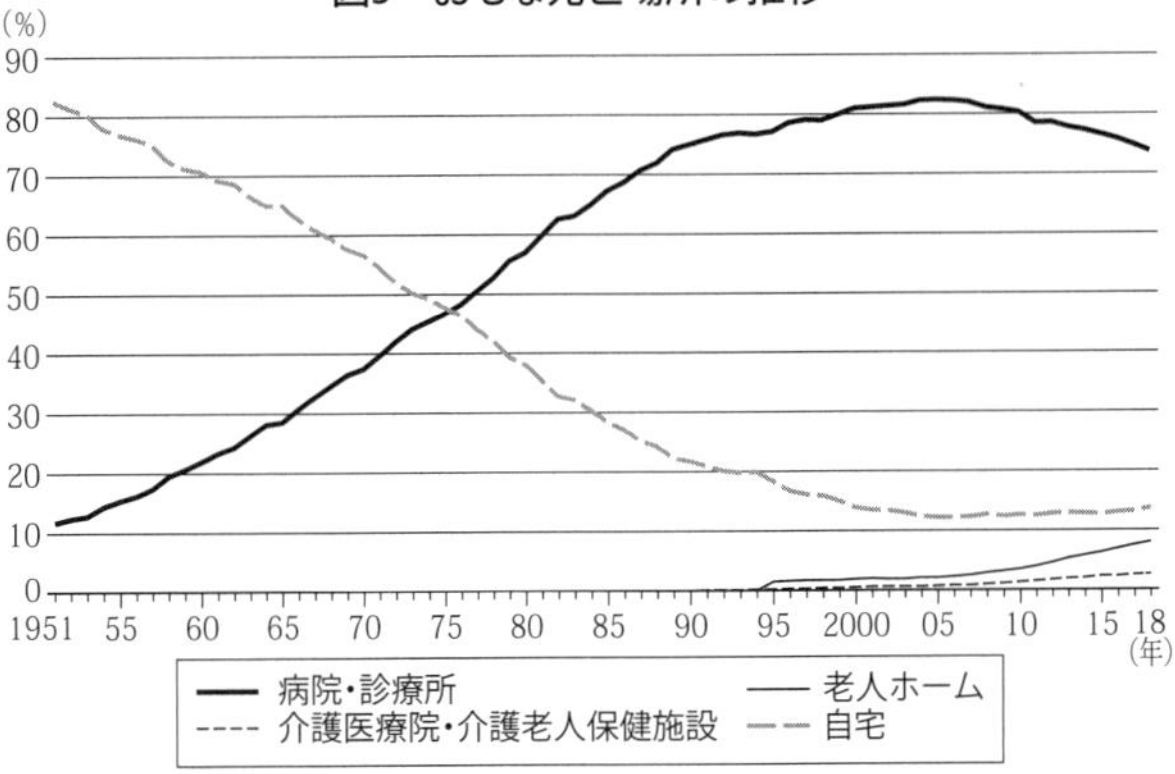

注１：「自宅」には、認知症グループホームとサービス付き高齢者向け住宅を含む
注２：「老人ホーム」とは、養護老人ホーム、特別養護老人ホーム、軽費老人ホーム、有料老人ホームを指す
（出所）厚生労働省「人口動態統計」（2018年）

サービス付き高齢者向け住宅を含む）か、自宅での看取りが一般的になると覚悟しておいたほうがいい。

政府は増大する医療費を抑制しようと、２００６年の医療制度改革を皮切りに病床の削減と入院日数の短縮化を進め、代わりに在宅医療・介護の拡充を目指しているからだ。「地域包括ケア」と銘打って、住み慣れた地域での療養や看取りを推奨している。

図５は、おもな死亡場所の推移を示した厚生労働省のデータだが、すでにその効果はあらわれ始めている。

医療機関（病院と診療所）での死亡は、２００５年の82・４%をピークに徐々に減ってきており、２０１８年は73・７%。その一方で、近年増えているのが特別養護老人ホームや有料老人ホームなどの施設における死亡で８%を占める。

これらの施設には医師が常駐していないため、在宅医が施設を訪問して入居者の病状を管理し、最期も看取っている。施設側も入居者を看取るほど手厚い介護報酬が得られるため、それも後押ししている。なかには、末期がんの患者などの看取りを専門に請け負う施設もあるほどだ。

国の「在宅死」データのまやかし

では、在宅死はどうか。直近では死亡者の13・7%を占めるが、この数字だけを見ると在宅医療・介護による看取りが進んでいるように思うだろう。

だが、これには突然死や孤独死などで警察による検案を受けた事例も含まれているので、「看取りによる死亡はかなり少ないのではないか」という医師らの指摘もある。事実、在宅死はここ20年間、ずっと12%から13%前後で推移している。

しかも在宅死といっても、このなかには認知症グループホームやサービス付き高齢者向け住宅（サ高住）での死亡も含まれている。実態はいずれも〝施設〟とみなしていいはずだが、厚生労働省があくまでも〝自宅〟と位置づけることにこだわっているので、戸建てなど本来の自宅での看取りがどれだけあるのか明らかになっていないのだ。

というか、「明らかにしたくない」というのがホンネだろう。政府は在宅医療の拡充を目指しているものの、実際には思うように進んでいないからだ。

在宅医療のかなめとなる24時間365日対応の「在宅療養支援診療所」は全国1万3445カ所で、全診療所の13・3％に過ぎない（2017年現在、厚生労働省調べ）。手厚い診療報酬で誘導するものの、参入する医療機関は2016年をピークに減少し、近年は横ばい状態が続く。

その要因の一つが、24時間対応への負担の大きさだ。診療所の多くは医師1人で切り盛りしているが、看取りが近づいてくると往診の依頼で夜中にたたき起こされることもある。そのため「若いうちはいいが、いつまで続けられるか体力に自信がない」と話す在宅医は少なくない。

医師（診療所）の平均年齢はすでに60・0歳に達しており（2018年12月末現在、厚生労働省調べ）、高齢化も課題だ。限界がみえてきている。

実のところ厚生労働省も、戸建て向けの在宅医療がそれほど増えるとは考えておらず、近年はサ高住や有料老人ホームなどの入居者に対する在宅医療を拡充する方針に軸足を移している。1カ所で多数の入居者を診ることができるうえ、介護職または看護職も常駐するので、戸建て向けよりも医師の負担は減ると考えられている。

ただ、わが国の死因トップを占める〝がん（末期）〟は、痛みを抑える医療用麻薬の微調整が必要になるなど、在宅医が頻回に訪問しなければならないケースもあって対応できる例は限られる。現状では、まだまだ病院で看取られる例が多いだけに、この先、病床削減が進んだら、行き場のない「がん看取り難民」が出る恐れがある。

第二章で紹介した「介護医療院」という新たな施設が、末期がんの患者にどこまで対応できるかによっても変わってくるかもしれない。

「119番」後に蘇生を断る家族

団塊世代の介護ニーズが本格化すると、「救急医療がパンクするのではないか」といった懸念も医療現場から聞こえてくる。

それもそのはずで、救急要請の件数は増加の一途をたどっており、2018年には約596万人が病院に搬送され、その約6割が65歳以上の高齢者だった。なかでも75歳以上は前年比11・6％増と伸び率が著しく、救急の現場でもさまざまな課題が浮かび上がってきている。

「救急隊は現場で本人や傍にいる家族に主訴や病歴、服用薬、アレルギーの有無などを聞かなければならないが、ひとり暮らしや認知症の増加で思うように情報が得られず、搬送に時間がかかるようになっている」と、首都圏の消防局の担当者は危機感をあらわにする。

実際、病院に収容するまでの所要時間は全国平均39・5分（2019年、『消防白書』）となっており、10年前と比べて4・5分も伸びている。救急医療はまさに時間との勝負で、治療に結びつくまでの時間が長くなるほど救命できる確率も低くなってしまう。限られた救急車両を効率よく稼働させなければ、搬送できる人員にも影響を与えかねない。

さらに昨今は、救急隊が現場で（通報した）家族から心肺蘇生を拒否され、対応に時間をとられるようになってきているという。

傷病者が心肺停止している場合、救急隊は胸骨圧迫や人工呼吸などの救命処置（心肺蘇生）を行いながら、医療機関へ速やかに搬送するのが基本だ。しかし、家族から、「本人は心肺蘇生を望んでいなかった」と伝えられ、救急隊は使命である救命を優先するのか、それとも本人の意思を尊重すべきか対応に苦慮している。

総務省消防庁が２０１７年、全国７２８の消防本部を対象に調べたところ、半数超の４０３本部で計２０１５件の該当事案があったことが判明した。

救命（心肺蘇生）を望まないのであれば、救急車を呼ばなければいいのだが、家族などが急な事態に慌てて呼んでしまうケースが後を絶たないようだ。２０１８年中に救急搬送された心肺停止の傷病者は約12万人。年齢区分では、80歳から89歳がもっとも多く、約3分の1を占める。自宅のほかに、施設（老人ホーム）での発生例が目立つようになっており、全体の17・1％にのぼる（総務省消防庁調べ）。

団塊世代が85歳以上になりきる前に何らかの対策をとらなければ、それこそ救急医療がパンクして、現役世代の救命にも影響を及ぼしかねない。

心肺蘇生の要否をルール化

そんなか東京消防庁は、心肺蘇生を望まない傷病者への対応について初めてルールを取り決め、２０１９年12月から運用を開始するとともに、診療所などの医師が加入する東京都医師会にも協力を呼びかけた。

ルールはこうだ。家族から心肺蘇生の中止を求められた場合には、その場でかかりつけ医に連絡をとって、事前に本人や家族を交えて終末期の医療について話し合いによる意思決定がなされていることなどを確認できれば、蘇生を中断し、かかりつけ医、または家族に引き継ぐ。

対象となるのは、末期がんなどの終末期の傷病者で、未成年は含まない。もちろん心肺停止前の状態や、不慮の事故や窒息など外因性による場合は除く。

運用の開始から2020年6月中旬までの6カ月間で、救急隊が家族らから心肺蘇生を望まない意思を示されたのは63件（外傷等の対象外を除く）。このうち心肺蘇生を中止して、かかりつけ医、または家族らに引き継ぐことができたのは9割超の58件にのぼった。

この結果について、東京消防庁の救急部長は「思いのほか、かかりつけ医が駆けつけてくれている。なぜもっと早くやらなかったのかと思っているくらいだ」と手ごたえを感じている。かかりつけ医の役割がいかに大切かを思い知らされたという。

本人や家族が自宅や施設での看取りを検討している場合は、緊急時でもまずは担当の在宅医に連絡すべきだが、気が動転して救急車を呼んでしまうだけでなく、「夜間や急変時は一律に救急搬送に任せ、連絡がとれない在宅医も少なくない」（救急指定病院の医師）。そのため救急医が患者本人や家族に聞きながら、手探りで治療せざるを得ない場合もあるという。

東京消防庁の取り組みは、今後の検証も待たなければならないが、解決策の一つとして注目される。本人の意向を踏まえた治療につなげるためには、国もかかりつけ医の果たすべき責任を明確にして、そのための誘導策を検討していくことも必要だろう。事態は待ったなし、である。

第五章　２０４０年　介護現場でロボットとシニア人材が協働

人口減少でシニア世代に期待

定年後は悠々自適な生活を送りたい――。

こうした思いを秘かに抱いているサラリーマンは少なくないかもしれないが、いまから20年後には〝夢物語〟で終わるかもしれない。

少子高齢化で就業人口が減少していくなか、あらゆる業種で働き手の確保が課題になっている。とりわけ高齢化の進展でニーズが拡大する介護分野では、２０１８年度に３３４万人だった就業者数が、政府によると２０４０年度には約5割増の５０１万人から５０５万人になると見込まれている。

政府は、フィリピンやベトナムなどの外国人労働者に望みを託しているが、「諸外国との人材獲得競争が激しくなっており、有利な条件を提示できなければ、日本がそっぽを向かれることになりかねない」(関東地方の有料老人ホーム経営者)と、将来への不安は拭えない。

そんななか期待されているのが、高齢者の労働力だ。政府の全世代型社会保障検討会議は2019年12月、高齢者に働くよう促すとともに、膨らみ続ける社会保障費の〝支え手〟になってもらう方針を打ち出した。保険料や税の支払いをより多く求めることで、若年世代の負担を抑えるのが狙いだ。

これを受けて、2020年3月には働くことを希望する高齢者向けに、70歳まで就業機会を確保するよう企業に努力義務を課すことを柱とした関連法が成立(施行は2021年4月から)。さらに外堀を埋めるかのように、公的年金の受け取り開始を65歳から遅らせ、その分、年金額が増やせる「繰り下げ受給」の上限年齢を現行の70歳から75歳に引き上げる法改正が行われた(施行は2022年4月)。

今回は、原則65歳からとされている公的年金の受給開始時期には手がつけられなかったが、近い将来、それも定年の延長とセットで先延ばしにされる懸念がくすぶっている。特に、第2次ベビーブーム期に生まれた団塊ジュニア世代（1971年〜74年生まれ）のすべてが65歳以上となる2040年は、約190兆円にのぼる社会保障費への対策が求められているだけに、定年と年金の受給開始時期が75歳まで先延ばしされていても不思議ではない。

そうなれば、隠居どころか生活費を稼ぐために否が応でも働かざるを得なくなる。

介護助手を担う高齢者が増加

すでに介護分野では高齢者を活用する動きが広まりつつある。特に訪問介護の現場は担い手が不足していることもあって、60歳以上のホームヘルパーが半数以上を占める（全国労働組合総連合調べ）。70代、もしくは80代でも現役でバリバリ働いている例はめずらしくない。

介護施設でも定年を延長したり、定年退職後のサラリーマンなどを積極的に採用したりする例もみられる。関西地方にある某特別養護老人ホームでは、60代から70代のパートタイマーが食事の準備や後片づけを専門に担っているほか、常時目が離せない認知症の入居者の見守りや歩行に1対1で付き添うなどして、直接的な介護を担う職員の負担軽減につなげているという。

「高齢者は介護の仕事に関心があっても、食事や排泄、入浴などの直接的な介護は体力や技術面で不安を感じるだけでなく、事故のリスクもあるのでとっかかりにくい。周辺業務であれば、「それなら自分にもできるかもしれない」と取り組みやすいようです」（同施設長）

全国老人保健施設協会（東憲太郎会長）では、2015年から「介護助手」と銘打って、60歳から75歳の高齢者を対象に、配膳・下膳や掃除、ベッドメーキング、話し相手などの周辺業務を任せる取り組みをスタートさせたが、想定していた以上に応募があったそうだ。

週3日、施設に通って食事の片づけや掃除などを担う女性（68歳）は、「元気なうちは働きたい。空いている時間を少しでも役立てられたら」とやりがいを感じているようだった。高齢者にとっては社会参加や介護の現場を知る機会になるだけでなく、健康の保持も期待されるという。

介護助手はボランティアではなく、パートタイマーと同じように施設と雇用契約を結ぶ。賃金が払われるので責任が生まれ、長く続けてもらいやすくなる。無理をさせないことがポイントで、1日3時間程度、週3日程度が基本だ。

同協会の調べによると、介護助手を導入した施設では、職員の離職率が導入前の12・1%から5・1%に改善したという結果も出ている。人手不足で既存の職員に負荷がかかるなか、周辺業務を介護助手に任せることで人材の流出に歯止めをかける効果も期待されている。

ロボット介護士や自動運転の車いすが登場

政府の調べでは、現在就労している60歳以上の人の8割が、70歳以降まで働くことを希望しているという。生活費を公的年金だけに頼れないため、働かざるを得ない人も少なくない。

とはいえ、フルタイムで責任の重い仕事は抵抗感があるため、短時間勤務のパートタイムが求められがちだ。その意味では、介護の周辺業務を高齢者に任せる取り組みは、今後も拡充していきそうだ。

ただ、人材不足の解消には、もう一押し必要だろう。そこで注目されているのが、ICT（情報通信技術）や介護ロボット、AI（人工知能）などテクノロジーの活用だ。コロナ禍では人との対面を減らすため、テレワークやウェブ授業、オンライン診療などICTの活用が一気に進んだが、介護現場でも実用化に向けて、民間事業者などで実証実験が始まっている。

関東で介護付き有料老人ホームなどを運営する大手住宅メーカー・ミサワホーム傘下の株式会社マザアスでは、数年前から筑波大学准教授でメディア・アーティストの落合陽一氏とタッグを組んで、自動運転車いすの実証実験をスタートさせた。

同社の吉田肇代表は、「当社の調べでは、介護職員の実働時間のうち『3大介護』と呼ばれる食事、排泄、入浴への支援が約6割で、残りの約4割は間接業務。そのうち約1割は車いすへの移乗を伴う毎食時の食堂への移動や入浴、イベント参加などで個別対応しているが、この部分を自動運転車いすで代替できれば、いまより効率的な人員配置でも現場を維持できるようになるのではないか」と期待を込める。

現時点では、車いすの走行スピードや、移動にあたって必要な居室引戸ドアの開閉、エレベーターへの乗降といったほかの設備との兼ね合いなど、解決すべき課題が明らかになっている。実用化すれば、利用者が好きなときに好きな場所へ移動できるので、介護職員に頼らなくて済むだけでなく、活動の範囲も広がりそうだ。

筋肉が萎縮していく難病のALS患者などが、分身ロボット（OriHime＝オリヒメ）をオンラインで遠隔操作し、カフェで働く実証実験に私も立ち会わせてもらった経験があるが、まるで本人がその場にいるかのように会話や接客ができるのには驚かされた。介護が必要になると外出がむずかしくなりがちだが、分身ロボットを使えば、社会との接点が広がるのではないかと将来に期待が持てた。

このほか、ＡＩによるケアプラン（介護計画）の作成や、ＡＩを搭載した人型介護支援ロボットの活用を模索する動きも出ている。近い将来、施設内をロボットが自在に動き回り、介護職員に代わって入浴や排泄などの支援をこなす光景が当たり前のようにみられる時代がやってくるかもしれない。

政府も介護現場でのテクノロジーの導入を後押しするため、「介護ロボット開発・実証・普及のプラットフォーム構築事業」をスタートさせ、実証施設においてモデルを構築したうえで介護現場での実証を経て、全国への普及を目指している。

データベースで目指す「科学的介護」

さらに政府は、アウトカム（成果）を重視した「科学的介護」も広げていく方針だ。これまで介護は個々の職員の経験や勘に頼ってきた面が否めないが、どのような介護を、どんな人に提供すれば心身機能の改善が目指せるのかデータを集積し、それにもとづいた介護サービスの提供を促す考えだ。

一例として、要介護者へのリハビリテーションによる効果が期待されており、レセプト情報（診療報酬や介護報酬の算定状況）とも連結させ、個々人の経過を追いながらサービスの質向上を目指すのだという。民間事業者でも独自にデータを蓄積する取り組みが始まっている。

確かに成果が明らかになるのは大事かもしれないが、介護は個々人の生活に根差して行われるものなので、医療のように心身機能の改善だけが利用者の満足度やサービスの質向上につながるわけではない。もちろん年齢や症状によっては機能の改善が見込めない場合もある。

介護ロボットにしても、認知症の人に対しては混乱させる恐れもあるので、個々の利用者の判断力や心身の状態に合わせた使い分けも検討する必要があるだろう。使い方によっては、かえって要介護者の心身機能を低下させてしまいかねない。介護は、本人の持てる力を見極め、少しでも自分でできることを増やせるよう支援する役割もあるからだ。

テクノロジーの活用によって業務の省力化が期待されるものの、人にしかできない支援があることも決して忘れてはならない。介護は日頃のかかわりを通して要介護者の思いに寄り添い、心を通わせることで、ふさぎこみがちだった気持ちを前向きにさせたり、つらさや寂しさをやわらげたりすることもできる。

デジタル化がどんなに進んだとしても、こうした介護の原点は大事にされるべきだ。「人生１００年時代」の到来が本格化するなか、老いることが不安にならないような社会になっている未来を期待したい。

第二部　多死社会への備え方

第一章　後悔しない「ひとり死」を実現する

孤独死のリアル

未曽有の「多死社会」が近づいている。いまから約20年後の２０４０年には、現在の1・25倍にあたる約１６８万人が亡くなると推計されており、いまだかつて誰も経験したことのない時代がやってくる。これまでの常識や慣行が通用しない可能性もあるが、私たちはどう立ち向かえばいいのか。納得のいく最期を迎えるための極意を身につけておきたい。

２０２０年2月、「孤独死」をめぐって衝撃的なニュースが報道された。大阪府警による初の調査で、２０１９年に府内で孤独死した人のうち約2割が40代から50

代だったという驚くべき実態が明らかになった（「朝日新聞」２０２０年2月7日）。

新聞報道によると、誰にも看取られないまま自宅で死亡し、「死後2日以上」たって見つかった遺体は２９９６体。うち40代は１５９体、50代は３９２体にのぼり、孤独死は働き盛りの世代にも影を落としている。隣近所とのかかわりが薄く、亡くなっても発見までに時間がかかるケースが少なくないようだ。

シングルの増加も背景にある。

50歳までに一度も結婚経験がない人の割合を示す「生涯未婚率」は、２０１５年時点で男性の約４人に１人、女性の約7人に１人だ（国立社会保障・人口問題研究所調べ）。男性の増加が目立ち、内閣府の推計では２０４０年には3人に１人に達すると見込まれている。生涯独身のまま、老いても頼る家族がいない高齢者も増加していく。

私は一昨年、ひょんなご縁で孤独死したご遺体と対面したが、そのときの様子はいまでもリアルに思い出せるくらい衝撃だったのを覚えている。

某地方都市の警察署――。人目につきにくい奥まった倉庫のような場所に、ひとり暮らしの70代男性・Aさんの遺体が運ばれてきた。

換気扇が異臭を打ち消すかのようにブーンブーンと大きな音をたてるなか、恐る恐るご遺体を見ると、かなり腐敗が進んでいた。

身体の半分くらいは青黒く変色。顔面にも腐敗は少し及んでいたが、目鼻立ちはまだ確認できる状態だった。思いのほか、やすらかな表情が救いに思えた。

警察署によると、Aさんは死後2週間以上経っているのだという。アパートの管理人が「家賃の支払いが滞っている。連絡がとれない」と、市役所に連絡してきたのがきっかけで見つかった。

Aさんには連れ合いがおらず、ふだんは近所との接点もなかった。持病などで通院している様子もなく、介護サービスも利用していなかったという。

死因は、急性の病気による突然死だった。

その後、市の調べでAさんには遠方に親戚がいることがわかったが、「そちら（市役所）で対応をお願いします」と遺体の引き取りを拒まれた。本人とは長らく付き合いはなかったそうだ。

何ともやりきれない結末だったが、「もしかしたら他人事ではないかもしれない」と思わされたのも事実だ。近い将来、同じような事態に直面する高齢者が急増する可能性もある。

民間の調査機関による推計では、全国で年間約3万人が孤独死しているという。1日あたりに換算すると約80人が、誰にも看取られることなく自宅で亡くなっていることになる。その多くはひとり暮らしの高齢者で、先に紹介した大阪府警の調査でも孤独死の約7割を65歳以上が占めた。

歳をとるにつれて病気にかかるリスクが高まるだけでなく、隣近所との付き合いが少なくなるなか、生活上で何らかの困り事を抱えていたとしても、誰にも相談できず見過ごされてしまうケースもある。

ひとり暮らしの高齢者は今後も増加が見込まれ、団塊世代のすべてが75歳以上となる2025年には約751万人、2040年には約896万人になると推計されている。さらに、夫婦2人暮らしも、いずれは独りになってしまうので「予備軍」

と言える。世界に類をみない多死社会の到来が迫るなか、孤独死への対策は待ったなしだ。

発覚しにくい突然死

孤独死はメディアでも話題になりやすいが、意外にも明確な定義はない。一般的には、誰にも看取られることなく自宅でひとり息を引き取った後、一定期間がたって発見されるケースを指すが、調査主体によって死後の経過日数のとらえ方に違いがある。

また、第三者が〝孤独〟と決めつけることへの抵抗もあって、「孤立死」や「ひとり死」などとも呼ばれる。

いずれにせよネガティブな印象がつきまといがちだが、そもそも死ぬときは独りだし、「住み慣れた家で最期を迎えたい」と願う人は少なくないはずだ。ひと昔前までは、「畳の上で死ぬのが理想」といった声もよく聞かれた。

それが社会問題としてクローズアップされるようになったのは、家族構成の著しい変化が背景にある。多世代同居が当たり前の時代から、少子化や核家族化、さらには生涯未婚率の上昇などによって、親族同士でのささえあいに頼れなくなってきたからだ。

元気なうちは気楽に思えるひとり暮らしも、病気をきっかけに「万一、倒れた場合のことを考えると心配になってくる」と、シニア世代からよく聞く。〝予期せぬ死〟も覚悟しておかなければならない。

その場合、どうやって早く見つけてもらえるかも気がかりの一つだ。

実は、私もかつて高齢者の孤独死に直面したことがある。

「昼間も電気がついていていておかしい」

近所の人が異変に気づき、警察に通報。市役所を通じて親族を探し出し、了解を得たうえで警察官が家のなかに立ち入ったところ、倒れているのを発見された。すでに亡くなっていて、死因は急病だったという。

いつも通っている老人福祉センターの集いに来ないので、「どうしたのかねえ」と仲間内では思われていたそうだ。

この高齢者の場合は、隣近所の人が気にかけてくれたので早期に発見されたが、昨今は近所付き合いが希薄で、プライベートに深入りされるのを嫌う傾向もある。特に集合住宅では、隣人の顔さえ見たことがないという人も少なくない。

たとえ誰にも看取られずにひとり亡くなる覚悟があったとしても、「遺体の腐敗が進んで異臭などで周囲に迷惑をかけたり、親族を煩わせたりしたくない」と誰しも願うだろう。何より、本人の尊厳にもかかわる。

大阪府監察医事務所の調べによると、大阪市内で2017年に孤独死した人のうち、約3分の2は発見までに1週間超かかっており、17・9%は1カ月超に及んでいた（第一部第3章図4－2参照）。

親族やアパートなどの管理人によって発見されるケースは多いが、高齢者の場合は、福祉関係者による定期的な訪問によって発見につながることもある。

実際、介護サービス事業者に聞いてみると、ホームヘルパー（訪問介護）が第一発見者になる例は少なくないそうだ。なかには突然死した夫の傍らで、寝たきりの妻が瀕死の状態で見つかった例もある。

孤独死を警察沙汰にしない

生ぜしもひとりなり　死するも独りなり　されば人と共に住するも独りなり
そひはつべき人なき故なり

これは鎌倉時代の僧侶（時宗の開祖）である一遍上人の言葉だが、まさに人は生まれたときも死ぬときも独り。たとえ家族らと一緒に暮らしていても、一緒に死ぬことができるわけではない。つまり、独りで死ぬのをやたらに怖がるのではなく、ごく普通のこととして受け入れる心がまえが必要とされるのだろう。

ただ、そうだとしても、死後長らく放置されるような事態は避けたい。それにはどのような対策があるのか。

「在宅医療を利用していれば、孤独死しない可能性は高い」

こう話すのは、立川在宅ケアクリニック（東京都立川市）の院長・荘司輝昭医師だ。荘司医師は自宅で暮らす高齢者らへの訪問診療のかたわら、都内・多摩地域における警察医として年間約600例の「異状死」に対する検死（死因の特定）もこなすが、現場では、助かる命でも救われていない実態があるのだという。

異状死とは、自殺や交通事故、他殺などのほか、病死の可能性があっても死因が明らかでないものを指す。孤独死も含まれ、死亡確認をした医師が異状死と認めた場合には、24時間以内に所轄の警察署に通報することになっている（医師法21条）。

事件性の有無と死因を明らかにするのが目的で、現場に警察官が駆けつけて検視したうえで、医師が死因を特定する（総称して「検案」という）。

昨今は、孤独死の増加で警察官の出動も頻回になっており、負担感は増すばかりだという。警察医の担い手確保も課題だ。

そんななか、荘司医師はクリニックの周辺6市で検案となった事例について、2012年から独自に集計・分析している。その結果、興味深いことが明らかになった。

自宅で亡くなって異状死とされた、いわゆる孤独死の約8割が、心疾患（心筋梗塞や狭心症など）や脳血管疾患（脳梗塞や脳出血など）が原因で亡くなっていた。つまり、突然死が原因とされ、「避けようがなかった死」であるという。

問題は、残りの2割だ。がんや老衰のほか、肝疾患や腎疾患などの慢性的な病気が原因で亡くなっていたことがわかったのだ。

「これらは在宅医療を利用していれば、避けられた死だったかもしれない。少なくとも、異状死にはならずに済んだのではないか」と、荘司医師は指摘する。

体調が急に悪くなっても在宅医に助けを求められるだけでなく、万一、亡くなったとしても〝看取り〟として扱われる。たとえひとりで亡くなったとしても、警察沙汰（検案）になることはない。亡くなった瞬間に医師が立ち会っていなくても、診療継続中の疾患による死亡であることが確認された場合には、異状死にはならないからだ。

在宅医療といっても、具体的にイメージしにくい人もいるだろう。ここで、少し解説しておきたい。

病気やけがで医療機関にかかる場合は「通院」が基本だが、介護が必要になるなど通院がむずかしくなった患者を対象とするのが在宅医療で、「訪問診療」とも呼ばれる。医師が、患者の自宅や有料老人ホームなどの施設に出向き、病状の管理はもちろんのこと、点滴や注射、創傷の処置などを施す。薬も処方される。

専門的な治療や手術が必要となった場合には専門の病院にかかるが、それ以外は通院と同じレベルの治療が受けられる。自宅や施設で看取ってもらうことも可能だ。

在宅医療を担うのは、24時間365日対応の「在宅療養支援診療所・病院」をはじめ、一般のクリニック（診療所）でも対応している場合がある。外来で診ていた患者が通院できなくなったときに、自宅に出向いて診てくれる医師もいる。

頼りになる在宅医をどう探すか

しかしながら、「通院から在宅医療への橋渡しは、必ずしも上手くいっているわけではない」と、荘司医師は指摘する。

本来は、在宅医療の適応となるような患者であっても、通院先から案内されていないケースが散見されるのだという。その結果、ひとり暮らしで病状が悪化しても、医療機関にかかれないまま孤独死に至ってしまうケースもある。

特にがん患者の場合は、病院に通院しながら抗がん剤治療を受けるケースが増えているが、症状の悪化を担当医が把握しきれないケースは少なくない。将来的に在宅医療への移行も視野に入れながら治療計画を立てるのが望ましいが、思うように進んでいない。

そうした事態を避けるためにも将来に備え、信頼できる在宅医を見つけておくことが欠かせない。

在宅医の情報については、最寄りの「地域包括支援センター」をはじめ、地域の医師会などが運営する「在宅医療・介護連携支援センター」、病院併設の「がん相談支援センター」や「医療福祉相談室（医療連携室）」などで聞くといいだろう。

訪問看護ステーションは日頃から在宅医と一緒に仕事をしているので、各医師の得意分野や性格などもよく知っている。要介護者向けにケアプラン（介護計画）を作成するケアマネジャーも同様だ。

面倒でも、複数の窓口に問い合わせすると、思わぬ情報が得られる場合もある。医師との相性も大事だが、いざというときでも対応してくれるかどうかも選ぶポイントの一つだ。孤独死を避けるためだけでなく、「自宅（または施設）で最期を迎えたい」と考えているなら、なおさらだ。

在宅医療には、あらかじめ決められた日に出向く〝定期訪問〟だけでなく、緊急時など患者からの求めに応じて出向く〝往診〟もあるが、その対応には大きな差がある。緊急時に連絡がつかなかったり、「救急車を呼んでください」と言ったりするだけで、いざというときに対応しない例も見受けられる。

実際、24時間365日対応の「在宅療養支援診療所・病院」として高い診療報酬（医療費）を受け取りながら、患者の急変時は一律に〝救急車任せ〟にする悪質な在宅医もいるくらいだ。

もちろん在宅医療を利用している患者であっても、病状によっては救急搬送が必要になることもあるし、それで症状が改善すれば何ら問題はない。

しかし、救急搬送の途中や病院到着時に心肺停止（心臓と呼吸が停止し、死が目前に迫っている状態）したり、死亡してしまったりすると、異状死として扱われ、警察沙汰になってしまう場合もある。搬送先では、病状の経過がわからず死因を特定できないからだ。

同じことは有料老人ホームなどの施設でも発生し、問題になっている。入居者の容態が急変した場合に、緊急時の往診に対応してもらえないと、夜間帯に介護職しかいない施設では救急車を呼ばざるを得ない。そのせいか昨今は、施設からの救急搬送の要請が増加しているという。

有料老人ホームに入ったからといって、必ずしも安心が保証されるわけではないのだ。自宅にせよ施設にせよ、いざというときでも責任をもって診てくれる在宅医を選ぶことが肝要である。

なかには、「緊急時も行きますよ」と問い合わせ時には答えておきながら、実際には対応していない在宅医もいるので、念のため自宅や施設での「看取りの実績」が年間どの程度あるか具体的に聞くといいだろう。看取りの実績と、緊急時の往診頻度には、相関関係が比較的あることが知られているからだ。

〝ぽっくり死〟が理想とも限らない

シニア世代のなかには、「長患いしたくない」「介護で家族に迷惑をかけたくない」と考え、〝ぽっくり死（急死）〟を望む人もいるだろう。奈良県斑鳩町にある吉田寺・通称「ぽっくり寺」には、いまでも参拝が絶えないそうだ。

ただ、ぽっくり死をすると、家族と一緒に暮らしていても、異状死として扱われる場合もあるので注意が必要だ。

「まるで事件現場のようでした」

こう話すのは、近畿地方に在住の由美子さん（仮名・80歳）だ。

昨春、夫の和男さん（仮名・83歳）が自宅で急死し、思いもよらない経験をしたという。

異変に気づいたのは、夜中の午前3時頃だった。由美子さんがトイレに起きたついでに夫の部屋をのぞいたところ、ベッドから落下し、仰向けに倒れている和男さんを発見した。

「寝る前までお菓子をおいしそうに食べていたのに、なんで？」

驚いた由美子さんは夫に向かって必死に呼びかけるが、微動だにしない。慌てて119番通報すると救急車はすぐに到着したが、「すでにご主人はお亡くなりになっています」と、告げられた。

事態をのみ込めないでいると救急隊は追い打ちをかけるように、「いまから警察署に連絡するので、このまま待機していてください」と続けた。

救急隊は傷病者の呼吸や脈拍をチェックし、蘇生する可能性があると判断すれば病院に搬送するが、明らかに亡くなっている場合は警察署に通報する。由美子さん宅にもほどなくして警察官数人が駆けつけ、夫の病状や既往歴、服用薬などのほか、家族関係や、ここ最近の人付き合いまで聞かれたという。

さらに、通帳の提出も求められた。家族といえども金銭トラブルによる殺害例もあるので、怪しい引き出しなどがないか確認するためだ。

最終的に、和男さんの死に不審な点がないと判断されたのは、約4時間後。すでに空は白んでいた。

「まさかこんなことになるなんて、考えてもみませんでした」

孤独死もそうだが、検案は事件や事故の見逃しを防ぐためでもある。過去には、パロマ瞬間湯沸かし器の動作不良による一酸化炭素中毒事故が見逃されたこともあって、国も死因の究明に力を入れている。

２０１７年には、全国で約１３４万４０００人が死亡し、このうち検案の対象となった遺体は約16万６０００件と、全体の約12・３％を占めた。

警察官による検視の結果、事件や事故の疑いがあれば捜査に進むが、そうでなければ死因を究明するため遺体はいったん警察署に運ばれ、医師によって死因が特定される。

それでもわからない場合は、「解剖」に回されることもある。

遺族は死因が特定されるまで遺体と対面できないばかりか、葬儀にもとりかかれない。悲しみに暮れている遺族にはさらなる心的負担になりかねず、〝ぽっくり死〟

が必ずしも理想の死かは議論の余地があるだろう。

ただ、有料老人ホームなど施設での急死は、職員による過失や虐待による殺害などが発覚する場合もあるので、慎重に見極められなければならない。高齢者の場合は、自宅での熱中症による死亡や浴室での溺死も起こりやすい。

遺族としても、大切な家族がどういう理由で亡くなったのか知りたいかもしれない。その意味では、検案という手続きにはメリットもあるのだ。

一方、在宅医療を利用しているにもかかわらず、死を前にした家族が慌てて救急車を呼んでしまうと、異状死として扱われ、検案の対象になってしまう場合もある。在宅医療を利用しているのであれば、まずは在宅医に連絡するのが鉄則だ。気がひけるようなら、利用している訪問看護ステーションから伝えてもらうこともできる。

看取りで済むはずが、余計なストレスを負うことになりかねないので、いざというときの連絡先や手順を、在宅医や訪問看護師、ケアマネジャーなどと事前に確認しておくことが欠かせない。

おひとりさま支援サービスの活用

国立社会保障・人口問題研究所の推計によると、2040年にはひとり暮らし世帯が全世帯の39・3％を占め、東京都や神奈川県、大阪府など都市部では40％を上回る。将来、老いを迎えたときに、家族に頼れない高齢者を社会全体でどう支えていくのかを考えなければならなくなっている。

高齢のひとり暮らしの不安は、大きく三つあると言われる。一つ目は、急な病で倒れたり、認知症になったりしたときの心配だ。先にも述べたように、何らかの病気になったのをきっかけに、心細くなってくるという。

二つ目は、保証人の問題。アパートやマンションを借りる場合をはじめ、医療機関への入院時や介護施設などに入る場合にも保証人を求められやすい。費用の支払いに連帯して責任を持つだけでなく、急病などで本人の意思が確認できないときには治療・介護方針を本人に代わって決める役割も担うが、頼める人がいるかどうかだ。

そして三つ目は、死後のこと。希望どおりの葬儀や納骨をしてもらいたいが、自分で見届けることができないだけに不安も大きい。

いずれにせよ、身寄りを頼れない人にとっては切実な悩みである。昨今はそうしたニーズをすくいとるように、おひとりさまの老後不安をまとめて解消してくれる民間のサービス（おひとりさま支援サービス）が注目を集めている。

一定の料金を払って会員になると、安否確認をはじめ、緊急時の駆けつけや入退院時の手続きのみならず、身元保証人にもなってくれる。死亡後の葬儀や納骨まで対応してくれるので、孤独死に不安を抱えるシニア世代からの関心も高い。

もともとは、医療機関への入院時や有料老人ホームへの入居時に求められやすい、身元保証人を引き受ける事業を中心に発展してきたため、「身元保証等高齢者サポートサービス」などと呼ばれることもある。

関西地方のマンションに独りで暮らす女性（60歳）は夫の他界後、頼りにしていた姉も病気で亡くしたことから某事業者に加入した。

「他に頼める親族がいないので、菩提寺への納骨を依頼しました。会員になってすぐに検査入院が必要になったのですが、スタッフが自宅に来て入院の準備も手伝ってくれました。外出先で体調が悪くなったときも連絡したら、すぐに駆けつけてくれた。いくら親しくしている友人がいても、ここまでは頼めない。（事業者に）加入して本当に良かったと思っています」

費用は事業者によってピンキリだが、まとめて100万円以上かかる例が多い。希望するサービスを選択できる事業者であれば、数十万円で済む場合もある。なかには月額費用の支払いを求めるところもあるなど、料金体系は多様だ。

決して安いとは言えないが、入会を申し込んだシニア世代に聞くと「いざというときに家族のように頼れるのは心強い」のだという。甥や姪には気を遣って頼みにくい場合があるので、「お金で解決できるなら」と事業者に頼る人もいる。

きょうだいがいたとしても、高齢や遠方にいるなどの理由で頼れないこともある。もし身元保証人になってくれたとしても、期待どおりに対応してくれるとは限らない。相手も老いるので、体力の低下や持病などで思うように動けなかったり、保証人を頼まれた側が先に亡くなってしまったりすることもある。

第二東京弁護士会の高齢者・障がい者総合支援センター「ゆとり～な」の調べによると、「(身元保証人と) 連絡がとれない」「希望した対応をしてもらえない」など、病院や介護施設の約65％が身元保証人をめぐってトラブルを経験していることが明らかになっている。老後に親族に頼れないのは、何もおひとりさまだけとは限らないのだ。

最近は、子どもがいても「迷惑をかけたくない」という親世代も増えているので、この手のサービスへの需要が高まると期待され、事業者の参入も相次いでいる。司法書士や弁護士、さらには介護事業者が手がける例もみられる。

急増する契約トラブルや悪質事業者

ただ、この事業は行政による許認可がいらないので誰でも自由に参入でき、サービスの質にバラツキが大きいのも特徴だ。なかには胡散臭い事業者もまぎれ込んでいるので、契約にあたっては慎重を期す必要がある。

東京都内の戸建てに暮らす72歳の女性は、体調への不安から事業者による安否確認を頼りにしていたものの、「入会直後は月1回電話がかかってきましたが、次第に回数が減っていき、担当者が代わってからは一度も連絡が来なくなった」と話す。

この例のように、定期的な安否確認がいつの間にか途絶えたり、連絡しても来てもらえなかったりするトラブルが発生している。利用者の意思とは違う提携先の介護施設に入居させ、施設から裏で手数料を受け取る事業者も存在する。

独立行政法人国民生活センターによると、2018年度に身元保証等高齢者サポートサービスについて、全国の消費生活相談センターに寄せられた相談は101件。近年、増える傾向にあるという。「契約するつもりのないサービスが含まれていた」「事業者に勧められるまま契約したら、思ったより高額になった」といった契約にまつわるトラブルだけでなく、解約を求めても払い込んだ費用を一切返金してもらえない悪質な例もある。

2016年4月には、新聞や雑誌などで大々的に広告して約2500人の会員を集めていた公益財団法人日本ライフ協会（東京都港区、濱田健士代表）が約12億円の負債を抱えて破産し、大きな社会問題となった。

当時、私もこの問題の顛末を取材していたが、野放図な経営で資金繰りが悪化しただけでなく、代表が利用者から預かっていた葬儀・納骨代を勝手に運転資金などに流用していたことが明らかになっている。

「入会時にスタッフから、「公益法人だから潰れることはない」と言われて信じ切っていた。まさかこんなことになるなんて……」

老後の蓄えを失い、ふさぎ込んでしまった高齢者は少なくなかった。

そもそも公益法人を監督する内閣府の公益認定等委員会によるチェックが十分に機能していれば、こうした事態を免れたかもしれない。しかし、私の取材によれば、委員会は2013年5月に協会を立ち入り検査していたものの、気づかなかったのだ。罪は重い。

公益法人ですらこのような体たらくだが、もしほかで同じようなことが起きても、事態の発覚はおろか、行政の関与も期待できないのが現状だ。事業者から説明を聞いても、その場ですぐに契約せず、市町村の高齢福祉担当窓口などに契約書を持ち込んで内容をみてもらうべきだろう。窓口ですぐにわからなくても、詳しい人に聞いてもらうよう頼めばいい。

財産侵害を防ぐために

なかには、本人が亡くなった後に、親族に寄付を求める事業者も存在する。

本人が残した財産は本来、遺言書がなければ法定相続人が受け取ることになるが、「生前に私たちが世話をしたので、寄付をお願いしたい」と相続人に申し出るそうだ。運営資金に充てるためだというが、こんな大事なことがパンフレットや契約書には記載されていない。事業者のモラルを疑いたくなる。

さらに昨今は、法人自ら、もしくは提携先の司法書士や弁護士らが利用者の任意後見人（将来、認知症になったときに備え、自分で後見人を決めておく仕組み）になることを契約の条件にしている例もみられる。

認知症などで判断力が低下したときに、本人の代わりに意思決定や契約行為を担う（任意）後見人の存在は心強く、一見すると安心材料のように思える。

しかし、これも使われ方によってはリスクになり得る。将来、本人の判断力が低下した場合には、家庭裁判所への申し立てによって監督人（任意後見人の仕事ぶりをチェックする弁護士等）がつく。ところが任意後見人の受任者が、故意に監督人の申し立てを発動させないまま高齢者の財産を侵害する事件が起きているのだ。

そもそも事業者は、自ら（または提携先の司法書士ら）が任意後見人を引き受けることを利用者向けのパンフレットやホームページなどで一切開示していない。なぜなのだろう。利用者の安心につながる仕組みであれば堂々と明らかにすればいいはずだが、これも取材で聞き出してようやくわかったことなのだ。

後見人は財産管理も担うので、悪質な事業者にひっかかると大きな損害を被ることになりかねない。おひとりさま支援サービスは使い勝手がいい面もあるが、こうした危うい点があることも知っておいてもらいたい。

国は、日本ライフ協会の事件をきっかけに、事業者の実態を調査したり、契約時の注意点などを記したリーフレットを作成したりしたが、悪質な事業者への行政指導や監督など法的な整備にまでは着手するつもりはないようだ。

老後の不安をまとめて依頼できるサービスは便利だが、トラブルを避けるには一つの事業者に集中して支援を依頼するのではなく、面倒でも分散させることも検討すべきだろう。そうすれば相互チェックが働き、被害を未然に防ぎやすくなる。

事業者のなかには預貯金や不動産などの財産管理や遺言書の作成まで引き受けるところも見受けられるが、その部分だけを、自分で選んだ弁護士や司法書士ら専門家に依頼する方法もある。

安否確認や緊急時の駆けつけは、月ぎめで個々に頼める民間サービスがあるだけでなく、市町村がひとり暮らしなど高齢者世帯向けに無料、もしくは低額で提供している場合もある。

身の回りの世話は、公的な介護保険で対応できる場合があるほか、保険外でも自費で通院の付き添いや入院時の世話などを頼むことができる。家事代行を専門に担う事業者の参入も増えている。

独り身にとっては、死後を誰に託すかも心配事の一つだが、弁護士や司法書士らと「死後事務委任契約」を交わしておけば、対応してもらえる。意外に知られていないが、電気やガス、水道を止めるだけでなく、医療や介護にかかった費用の精算、遺品の片づけ、さらには葬儀や納骨も依頼できるのだ。

高齢おひとりさまの増加で、今後もさまざまなサービスが生み出されるだろうから、情報のアンテナを張りめぐらせておくことも必要だろう。いずれは契約どおりにサービスが提供されているか、本人に代わってチェックできる第三者機関のようなものができることも期待したい。

第二章　「リビングウィル」の落とし穴

延命治療への希望を託す「事前指示書」

葬儀の方法や納骨先の選定など、自ら死後の準備をしておく終活がブームになるなか、シニア世代を中心に終末期医療（人生の最終段階における医療・ケア）への関心が高まっている。

公益財団法人日本ホスピス・緩和ケア研究振興財団が2017年12月、20歳から79歳までの全国の男女1000人を対象に、人生の最終段階に受ける治療をどのように決めたいか聞いたところ、77・0％の人が「自分で主体的に決めたい」と答えた。

年代別にみると、50代は87・3％、60代は85・5％と圧倒的な多数を占め、家族や主治医よりも自分で選択したいという意向の強いことがわかる。親の看取りに直面する世代だけに、自分の事として真剣に考えるようになるからなのかもしれない。

確かに最期まで意思をつらぬき通せればいいのだが、病状によっては自らの希望を伝えられなくなる可能性もある。そこで、あらかじめ受けたい、もしくは受けたくない治療について、希望を書面に記しておくのが「リビングウィル」だ。「事前指示書」とも呼ばれる。

リビングウィルに法的な拘束力はないが、それを推奨する団体として、公益財団法人日本尊厳死協会（東京都文京区）が有名だ。全国各地に支部があり、同協会によると10万人以上の会員がいるとされる。同協会の設立は１９７６年と古く、当時は「日本安楽死協会」という名称だった。初代理事長は優生保護法（現母体保護法）の制定に尽力した元衆議院議員の故・太田典礼氏。近年では尊厳死の法制化を目指し、国会議員による尊厳死法制化議員連盟の立ち上げやその運営をサポートしている。

同協会では、回復の見込みがなく死が差し迫っている状態になったときに備え、ただ単に死期を引き延ばすためだけの延命治療をしないで欲しい、と所定の書面に記しておく活動を行っている。延命治療とは、人工呼吸器や胃ろうなどを指し、本人が意識を失ったときや、判断がつかない状態になった場合に備え、家族らがその意思を生かせるようにするのを目的としている。

さらに昨今は、自治体が、リビングウィルの作成を促す取り組みも広がっている。その一つが、宮崎県宮崎市。2014年から「わたしの想いをつなぐノート」を作成し、住民に対して元気なうちに終末期治療の希望を記しておくとともに、もしものときのために健康保険証やお薬手帳とセットで保管しておくよう勧めている。

ノートには、回復の見込みがなく死期が迫った場合の処置（延命治療）として、次のような項目を示し、記入者はそれぞれ「望む」「望まない」「決められない」のいずれかを選択してチェックできるようになっている。

□心臓マッサージなどの心肺蘇生
□人工呼吸器

□経鼻胃（経）管栄養による栄養補給
□胃ろうによる栄養補給
□点滴などによる水分補給
□痛みをとること
□延命治療は行わず、自然にゆだねる

いかがだろう。皆さんは選ぶことができるだろうか。

親族を看取った経験のある方ならばともかく、そうでない人には状況がイメージしにくいかもしれない。

そのため宮崎市では、選択に必要な医療知識などを盛り込んだ手引きも作成し、市の職員をはじめ、所定の研修を受けた医師や保健師、看護師らエンディングノート・アドバイザーが内容を伝えたうえで、希望者に手渡しするのを原則としているそうだ。市の担当者は、「必ずしも記入しなくてよい。家族などと話すきっかけにして欲しい」とノートを配布する意義を説明する。

「事前指示書」の普及を狙う行政の意図

ただ、自治体がリビングウィルの作成を促すことには、批判もある。

京都市が2017年、終活のリーフレットとともに「終末期医療に関する事前指示書」を住民に配布したところ、障がい者団体や弁護士らから「事前指示書の押しつけは、差別や弱者の切り捨てにつながりかねない」などと指摘され、撤回と回収を求められた（「京都新聞」2017年4月24日）。

その中身はというと、心臓マッサージなどの心肺蘇生法をはじめ、延命のための人工呼吸器、胃ろうによる栄養補給、点滴による水分補給など10項目が列挙され、それぞれについて「希望する」「希望しない」「その他」をチェックする。宮崎市のノートと似たような内容だ。

このほか、病院や自宅など終末期を迎えたい場所や、自分で判断できなくなったときに代わりに相談してもらいたい人を記入する欄も設けられている。国立長寿医療研究センターの「私の医療に対する希望（終末期になったとき）」を参考に作成された。

京都市健康長寿のまち京都推進室の担当者は、「将来に備え、家族や医師らと話し合うきっかけにしてもらいたかった」と事前指示書を作成・配布した目的をこう説明するが、これまた宮崎市と同様だ。

京都市としては、さまざまな意見があることや配慮の必要性は承知しているものの、「あくまでも終活を自分の事として考えてもらう材料」だとして、撤回や回収をするつもりはないそうだ。

これに対し、保険診療を担う医師の団体である京都府保険医協会（京都市）は、次のように批判する。

「治療の選択は、医師など医療の専門家が患者や家族に寄り添いながら話し合い、いつでも変更が生じるのを前提に考えることが大切です。生死の選択にかかわる事前指示書を、市がまるで『お知らせ』のように配布するのに強い違和感を覚えます」（事務局）

医療費を抑制したい意図もあるのではないか、と疑問を投げかける。

そう考えるのも無理はない。終末期医療をめぐっては、過去に閣僚による不謹慎な発言が相次いだ経緯があるからだ。

「いいかげんに死にたいと思っても生かされてしまう。しかも、政府のお金で（終末期医療を）やってもらうと思ったら、ますます寝覚めが悪い。さっさと死ねるようにしないと」

2013年1月、政府主催の社会保障制度改革国民会議において、麻生太郎副総理兼財務大臣がこのように発言して物議をかもした。

結局、強い批判を浴びて発言は撤回されたが、「個人的な人生観を述べただけ」（麻生副総理）と言い訳したところで、誰も納得しないだろう。終末期医療を抑制したい政府の意図はミエミエだ。同様に行政が主導するリビングウィルについても、懐疑的に受け止めざるを得ない。「はよ（早く）死んでほしい、と言われている気がする」などと、不快感を示す高齢者も少なくない。

はっきり言ってしまうと、「リビングウィルは作成すべきではない」と私は考えている。

過去には必要だと思ったこともあったが、取材を重ねるにつれてリスクが大きいと感じるようになり、考えを改めた。

その理由は、大きく三つある。

まず一つ目は、過去に書いた内容を撤回できない恐れがあること。

元気なときは「いっさいの治療を拒否する」と意気込んでいた人が、病気になった途端に気弱になって、「何としてでも治して欲しい」と、方針が180度転換するという話は医療・介護現場でもよく耳にする。

差し迫った状況になると、やはり現実味を帯びてくるのだろう。迷いも生じがちだ。

こんな実例もある。

狭心症で入院していた94歳（当時）の女性は、夫や子どもを早くに亡くし、友人もみな他界したので独りぼっち。看護師に「早く死にたい」と何度も訴えていた。だが、発作が起きるたびにナースコールを押し、駆けつけた看護師に「知らん間に押してた」と恥ずかしそうにしていたという。

当時、病棟で女性を担当していた看護師は、「いざとなると心は揺れ動くものです。この女性は「今度こそ押すまいと決意しても、つい押してしまう」と言っていましたが、それが普通。生きようとするのが人間の本能だと思います」と話してくれた。「死にたい」という女性の訴えは寂しさの裏返しかもしれず、看護師は思わず女性を抱きしめたそうだ。

しかし、こうした心情の変化があったとしても、病状によっては、自らの思いを医師や看護師、家族らにきちんと伝えられるとは限らない。本人が、リビングウィルを書いたことすら忘れてしまっている場合もある。にもかかわらず、過去のリビングウィルを周囲に鵜呑みにされてしまったら、どうなるのか。考えただけでも恐ろしい話だろう。

反対する二つ目の理由は、リビングウィルを作成したときに、適切な情報を得たうえで判断していたかどうかがわからないからだ。たとえ、医療行為についての説明書きを見ていたとしても、それらは通りいっぺんの内容に過ぎない。現実はもっと複雑で、症状の変化に応じた判断も必要になってくる。

しかも、本人がどこまで理解できているかもわからない。

テレビや新聞などで終末期医療の特集が組まれると、それに影響されて「私はあんなにまでして生きていたくない」と話すシニア世代は少なくないが、そういう人によくよく聞いてみると内容を誤解していたり、本人の希望とは違う選択をしてしまったりしているのが現状だ。

胃ろうが延命治療という大誤解

なかでも延命治療として紹介されやすい「胃ろう」は、その最《さい》たるものだろう。腹部に手術で穴を開け、そこから栄養剤を注入する方法で、「経管栄養」とも呼ばれる。

寝たきり（寝かせきり）の高齢者が意思の疎通ができないまま長らえている姿に衝撃を覚え、胃ろうに対して否定的なイメージを抱きがちだ。「胃ろうを選択して本当によかったのか」と家族が思い悩むシーンがテレビなどで強調されるので、なおさらだろう。「胃ろう＝いたずらに命を引き延ばす延命治療」という印象を植えつけられてしまう。

しかし、胃ろうを選択したとしても、誰もがずっとそのまま、というわけではない。

そもそも胃ろうは、病気などで口から食べられなくなったときや、飲み込む力（嚥下《えんげ》力）が低下し、食べ物が気管に入ってしまうことが原因で起こる誤嚥性肺炎を防ぐ目的で使われる。

胃ろうによって栄養状態が改善され、寝たきりだった人が、歩行できるまでに回復することもあるのだ。「余命わずか」と宣告されていた高齢者が、その後、何年も家族とともに過ごすことができた事例もある。

それに、胃ろうを利用していたとしても、口から食べることも可能だ。

医師から「禁食」という指示が出ている場合は別だが、症状の回復度合いに応じて口から食べることと併用している高齢者もいる。介護施設などでは、食事だけで必要な栄養分をとれないときに、胃ろうを補完的に使うこともある。

拙著『介護ビジネスの罠』（講談社現代新書）でこうした事例を紹介したところ、

「胃ろうを始めたら二度と口から食べられないと思っていました」という読者からの感想が思いのほか多く寄せられたが、それだけ「胃ろう＝最終手段」というイメージが定着している証拠だろう。

経管栄養への誤解が招く皮肉な事態

胃ろうへの否定的な風潮が強まったことで、医療現場では戸惑いも生じている。

昨今は、医師が胃ろうを勧めても家族から強く抵抗され、「口から食べさせて欲しい」と懇願されるケースが相次いでいるそうだ。

その一方で、胃ろうと同じ経管栄養の一種である「鼻腔栄養（経鼻経管栄養）」は、すんなり受け入れるというおかしな現象も起きている。鼻腔栄養とは、鼻からチューブを胃に通して栄養剤を入れる方法だ。

胃ろうのように手術がいらないので利用しやすいが、鼻にチューブが常に差し込まれているので、本人にとっては不快感が大きく、チューブを引き抜こうとしがちだ。それを防ぐため病院や介護施設では手首を縛ったり、指を使えないようミトン

(親指と他の指を二股に分けた手袋)をはめたりするなどの身体拘束につながりやすい。

さらに、口から食べられるよう回復させるリハビリにも支障をきたすことがあるので、1990年代頃からの胃ろうの急速な普及も相まって、鼻腔栄養が使われなくなっていった。

ところが、医療・介護現場では、再び利用が盛り返しているのだ。

「患者さんは食事がとれない状態であるにもかかわらず、家族から胃ろうを拒まれてしまうので、やむなく鼻腔栄養を勧めざるを得ない」と、消化器外科を専門とする医師は事情を打ち明ける。

たとえ鼻腔栄養を使うとしても、一時的な利用が推奨されている。しかし、施設などの事情によっては利用が長期に及んでいる例も見受けられる。

「それなら胃ろうにしたほうがよかったんじゃないか」

そう思わされる場面に出くわすことも少なくない。これも、胃ろうへの誤解が生み出した皮肉な現象なのだ。

大事なのは、たとえ胃ろうなどを一時的に利用することがあったとしても、できるだけ早く口から食べられる支援につなげていくこと。それには医療機関による対応のみならず、介護施設や在宅医療・介護に携わる専門職による知恵と工夫が不可欠だ。

こう言うと、「リハビリテーションによって回復を目指すことが必要だ」と思われてしまいがちだが、必ずしもそうとは限らない。たとえ元のような回復が望めなくても、食材の工夫や食べるときの姿勢、口腔ケアなどによって、再び口から食べられるようになることもある。

胃ろうなど、経管栄養のきっかけになりやすい誤嚥性肺炎の発症を抑えようと、昨今は歯科医や歯科衛生士と連携して口腔ケアに取り組む施設も増えている。

一方で、胃ろうや鼻腔栄養の高齢者を積極的に引き受け、ろくにケアをしない施設も見受けられる。先に紹介した拙著では、胃ろうの高齢者ばかりを入居させる施設（胃ろうアパート）の実態も取り上げているが、当時は社会的に大きな話題となった。

入居者は四六時中ベッドに〝寝かせきり〟にされ、排泄はオムツに垂れ流し。口から食べる支援は一切せず、入居者はずっと胃ろうのままだ。そのほうが施設にとって管理がしやすいからなのだが、似たような事例はほかでも見受けられる。

入居先の施設を選択する場合には、いかに口から食べることをあきらめずに支援しているかをチェックすることも大切なのだ。

「食べない」のか、それとも「食べられない」のか

最近の介護現場で気になるのは、高齢者が食べられなくなると、安易に終末期とみなす傾向がみられることだ。胃ろうバッシングに多少なりとも影響されている面もあるように思う。世の中の風潮を敏感に感じ取り、それに乗っかったほうが「世間受けする」と考える医師もいる。しかし、「食べない＝終末期」とは限らない。

「食欲がなく、食事量が減っています」

斉藤さん（仮名）はあるとき、伯母（85歳）が入居する施設の介護職員から連絡

を受けた。どこか調子が悪いのかと気になったが、特に理由は明らかにされなかった。自身もヘルパーとして介護現場で働いているだけに、腑に落ちなかったという。何はともあれ伯母の様子が心配になって、早速に施設に出向いた。ちょうど昼食時だったが、伯母の様子を見ていて斉藤さんはある事に気づいた。

利き手が不自由な伯母は、片手でスプーンを使っておかずを食べようとするが、思うようにいかない。皿が滑り、すくいとれないのだ。今度は小鉢に挑戦するが、やはり苦戦している。小鉢は底にいくにつれ細くなっているので、スプーンでは奥のおかずにまで届かない。結局、伯母はあきらめて、食事を止めてしまった。

「なぜ伯母が食事をしないのかわかりました。〝食べない〟のではなく、〝食べられる〟環境が整えられていなかったのです」と、斉藤さんは施設側の介護に課題があると話す。

さらに、こう続ける。

「例えば、皿が滑って食べられないのであれば、シリコン製などのマットを皿の下に敷けば固定されます。すくいやすい形状の皿を利用する手もあるでしょう。箸やスプーンなども障がいに応じて使いやすく工夫されているものを使えば、介助がなくてもひとりで食べられる場合があるのです」

食欲が低下する理由はさまざまだ。病気が原因の場合もあれば、本人に気がかりな事があるなど精神面が影響することもある。老衰によって食欲がだんだんと細っていく過程なのかもしれない。

状況によっては、医師に相談する必要も出てくる。一般的に看取りが近づくと食欲は低下しがちだが、食べられなくなる理由には、脱水や肺炎、感染症なども考えられるからだ。

いずれにせよ、食べられない理由を見極めることが肝心だ。そうすることで、どういう支援が必要なのかを導き出せる。この施設では単に「食べない」と決めつけるだけで、理由も明らかにしていなければ、何ら工夫もなされていなかった。これでは低栄養をもたらすだけでなく、命をも縮めてしまうことになりかねない。恐ろしい話だ。

介護現場は慢性的な人材不足が続いているので、サービス面に問題があったとしても「給与の安さ」が招いた結果だと言い訳されやすい。新聞やテレビがそうした報道を盛んにするので、それに乗じて介護報酬の低さを理由にする経営者らも存在する。

だが、専門職としてやるべきことをやるのは当たり前で、経営者にはサービスの質が向上するような体制づくりが求められる。できない理由を報酬にばかり押し付けるようでは、介護職が社会的に評価されないどころか、意欲のある優秀な人材は入ってこない。

そもそも食事の支援は、介護のなかでも大きな比重を占める。高齢化で増え続ける認知症への対応でも欠かせなくなっている。なかなか食べようとしなかったり、途中で食べるのを止めてしまったりすることもあるので、家族は対応に苦慮しがちだ。

これらは、注意力や判断力の低下がもたらしている可能性が大きいため、施設では食事に集中できるよう、ほかの入居者と離れた場所を確保するなどして興味をいかに引きつけるか工夫する。途中で食事を止めてしまう高齢者には、「次はこれを食べましょうか？」などと根気よく声をかけ続ける必要もある。

また、服用している薬が原因で食欲が低下する場合もあるので、医師と相談して薬の量や種類を調整してもらうこともあるだろう。心身機能が低下した高齢者らに食事をとってもらうには、介護職がさまざまな知識を総動員しながら、個々人に応じた対応を検討しなければならない。どうすれば本人の持てる力を引き出せるかを考えるのも、介護職に課せられた役割だ。

それに終末期だからといって、まったく食べられなくなるわけではない。亡くなる直前でも食感や匂いなどを工夫し、本人の好物を少しでも口にしてもらおうと工夫する施設も存在する。

私の亡母も最期が近づくにつれて食欲が低下したが、亡くなる数日前、急に牛乳をゴクゴク飲んだり、お菓子を美味しそうにほおばったりして、家族を驚かせた。その後はパッタリ何も受けつけなくなり、間もなくして息を引き取った。家族にとっては、いまでも微笑ましい思い出となっている。

大切な家族との別れはつらいが、本人が最期まで好きなものを口にしていたという事実は、死別の悲しみを癒すことにもつながるのだと思い知らされた。

「終末期だから食べないのであって、無理やり食べさせるのはよくない」と、介護職が食事の支援を最期まで続けることに否定的な意見を述べる医師も見受けられるが、それは状況によりけりだろう。

「もう歳だから仕方がない」と、周囲が考えて必要な医療・介護が提供されないのは、年齢による偏見や差別を意味する〝エイジズム〟であり、高齢者虐待の一つである〝ネグレクト（介護放棄）〟と紙一重だ。もちろん強引に食べさせるのは論外だが、「もう最期が近いから」と手抜きがあってはならない。

特定がむずかしい「終末期」

リビングウィルに反対する三つ目の理由は、そもそも終末期の定義がはっきりしないことだ。

一般的には、治療しても回復の見込みがなく、近い将来、死に至る状態を指すが、明確な定義があるわけではない。

図6　看取りの経過

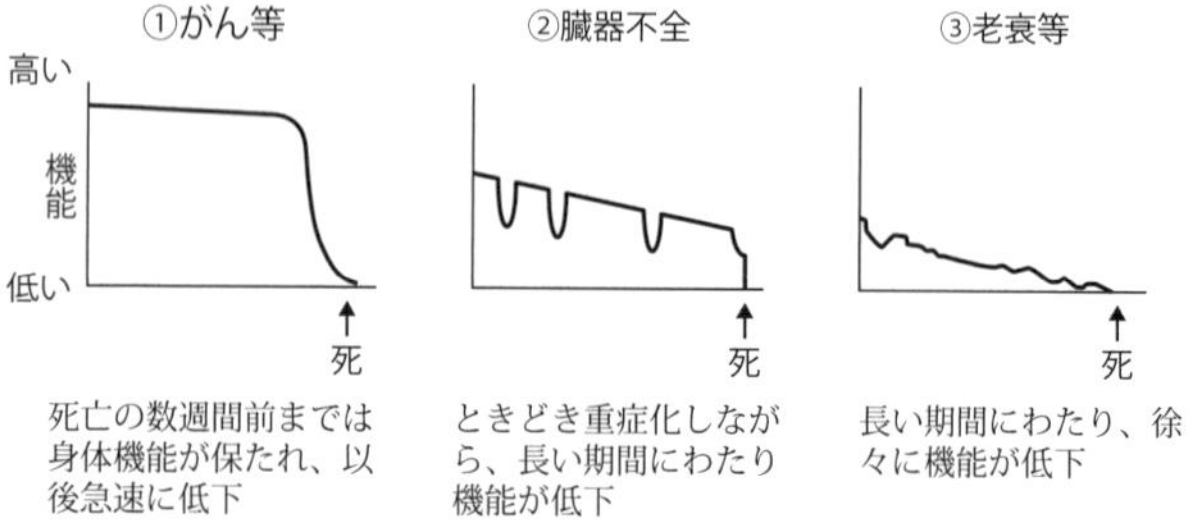

Joanne Lynn, David M Adamson 作成「介護施設における看取り介護の手引き（埼玉県）」より

しかも、いつからが終末期なのかは、医師でさえ「明確にはわからない」と言う。

図6は、おもな病気の看取りに至る経過を示したものだが、末期がんは、亡くなる数ヵ月から数週間前になると体力が急激に低下しやすく、比較的、終末期がわかりやすい病態だと言われている。

それに対し、慢性の心不全や呼吸不全では、症状の悪化と改善を繰り返しながら、徐々に体力や食欲が落ちて看取りに至る。個々人によっても経過が違う。また、認知症や老衰は、比較的ゆっくり症状が進行するのが特徴だ。医師が「いよいよ最期かもしれない」と判断しても、治療によって持ち直し、その後何年も生存できた例は決してめずらしくない。

つまり、末期がん以外は、どこからが終末期なのかわかりにくいのが現状なのだ。

もちろん、個々人の体力や置かれている環境などによっても違ってくるだろう。

そうなると、終末期医療って、いったい何なのだろうか……。

先に紹介した胃ろうと同じように、周囲の主観にとらわれてしまうと、誤った選択をしてしまう可能性もある。それに、たとえ余命いくばくもない状態であったとしても、身体のつらさをやわらげるために、量を調整しながら点滴によって水分補給が行われることも多い。

一律にそうした医療行為まで否定してしまうと、逆に本人が苦しんだり、まだ生きられる命を早々に死に追いやってしまったりすることにもなりかねない。

つまり、将来に備えてリビングウィルを作成するのは意味がなく、ましてや医療行為の一つ一つを選択するなんていうのはナンセンスだとしか言いようがないのだ。書面化してしまうと、いざ事態に直面した場合にその内容だけが独り歩きするリスクは拭いきれないのである。

実は、諸外国でもリビングウィルの課題が指摘されるようになっている。

米国では、１９７０年代に、判断力を失った際に希望する医療行為と、自分の代わりに判断してもらいたい人（代理決定者）を前もって示しておく「アドバンス・ディレクティブ」（事前指示）という取り組みが推進され、そのなかにリビングウィルが位置づけられた。

ところが、１９９０年代半ば、その効果を検証したところ、興味深い結果が明らかになったのだ。

臨床の場において、患者からの事前指示を看護師が聞き取ったうえで医師に伝え、事前指示をしたグループと、しなかったグループで、患者や家族の満足度などに差が生じるかを調べたところ、両者に差がないことがわかった。

諸外国の終末期医療の事情に詳しい神戸大学大学院医学研究科の木澤義之特命教授によると、終末期患者の50％が心肺蘇生や人工呼吸器の使用など本人が望まない治療を受けていたことや、患者の希望を医療の内容に十分に反映できなかったなどの報告が相次いだそうだ（『緩和ケア』２０１９年5月号）。

書面にしておくだけでは、実際の現場で起こる複雑な状況に細かく対応できないだけでなく、代理決定者である家族らが事前指示の作成にかかわっていなかったため、本人がなぜその選択をしたのか理由がわからなかったことなどが理由だった(同)。

リビングウィルは将来を考えたり、家族などと話し合う〝きっかけ〟にはなるかもしれないが、それ以上でもそれ以下でもない。治療の選択肢も医療の進歩によって変わるので、病状の変化に応じて、そのときどきで選択肢とその効果・副作用などを提示されることが求められる。むしろ大切なのは、そういう丁寧な対応をしてくれる医師を元気なうちに見つけておくことだ。

また、自らの意思が表示できなくなったときに備え、誰に託すか(託せるか)を考えておくほうがより現実的である。

推奨される「ACP」に戸惑う現場

諸外国では近年、リビングウィルの代わりに「アドバンス・ケア・プランニング」(ACP)という手法が推進されており、わが国でも2018年、医療・介護従事者向けの終末期医療のガイドライン（指針）が見直され、ACPの考え方が本格的に取り入れられた。

ACPは、人生の最終段階における医療とケアについて、本人が、家族など信頼できる人や医療・介護従事者と繰り返し話し合うプロセスを重視した取り組みだ。症状の経過などに伴って患者や家族の気持ちが揺れ動くのを前提に、そのつど意向を確認しながら、最期まで本人が望む治療や療養生活を支えていくことが大切にされている。

本人の意思が確認できないときには、どのような対応が本人にとっての最善策なのかを家族らと話し合いながら決めていく。

今回のガイドラインの見直しでは、もう一つ大切なポイントがある。

従来は、医療機関での治療や看取りを想定したガイドラインだったが、昨今は看取りの場が自宅や介護施設などにも広がっているため、ケアマネジャーや介護職などケアの関係者も含めてチームでかかわることが求められるようになった。医療だけでなく、ケアも重視されるようになったのは望ましいことだ。

国民に対しては、家族など信頼できる人と将来の希望を話し合い、いざというときに自らの意思を尊重してもらえる人を決めておくことの大切さも謳われている。厚生労働省はACPを普及させようと一般から愛称を募集し、「人生会議」と名づけ、昨冬には啓発のためのポスターも作成。しかし、これが思わぬ物議をかもす事態になってしまった。

ニュースでも大きく報道されたので、ご記憶の方もいるだろう。吉本興業のお笑い芸人・小藪千豊さんが瀕死の状態のなかベッドに横たわるポスターで、次のようなセリフが心のなかの声として紹介されていた（厚生労働省ホームページより、現在は削除）。

まてまてまて
俺の人生ここで終わり？
大事なこと何にも伝えてなかったわ
それとおとん、俺が意識ないと思って

隣のベッドの人にずっと喋りかけてたけど
全然笑ってないやん
声は聞こえてるねん。
はっず！
病院で
おとんの
すべった話
聞くなら
家で嫁と
子どもと
ゆっくりしときたかったわ
ほんまええ加減にしいや
あーあ、もっと早く
言うといたら良かった！

こうなる前に、みんな
「人生会議」しとこ

ポスターは、人生会議の必要性をユーモアをまじえて訴えかける試みだったが、患者団体などから「不謹慎だ」「不安をあおる」などと抗議を受け、厚生労働省はポスターの全国配布を取りやめざるを得なくなった。

なかには好意的に受け止める声もあったようだが、この手の内容は見る側の置かれている状況によっては、心を傷つけてしまう場合もある。看取りに直面している家族にとっては、ストレスに追い打ちをかけることにもなりかねない。「配慮が足りなかった」と言えばそれまでだが、本来は慎重に取り扱うべきテーマなのに、ポスターの制作を吉本興業に任せきりにしてしまったのも問題だった。

とはいえ、はからずも人生会議が世間に知れ渡るきっかけになったのは、怪我の功名と言えるのかもしれない。ただ、人生会議をめぐっては、医療・介護従事者のなかにも誤解が生じている。

単に「関係者が集まって話し合いをすればいい」と思われていたり、いまだに本人の意思を書面に残しておくよう求めたりしている例も見受けられる。

「この前、人生会議をしました」

ある看取りをテーマにしたシンポジウムで、こう得意げに語る在宅医には違和感を覚えざるを得なかった。もちろん本人や家族を交えた話し合いの場は大切だが、必ずしもそれだけが求められているわけではない。ましてや一度や二度の話し合いで、本心がわかるとは限らないだろう。

本人がどんな療養や生活を望み、何を大切にしたいと思っているのか、逆に望んでいないことは何か、さらにその理由は何なのかを見極めるには、日頃からのかかわりが大事なのであって、家族も含めて合意形成していくプロセスが問われているのだ。

そうすることで、万一、本人の意思が確認できない状態になっても、家族や医療・介護従事者が本人にとっての最善策を検討するのに効力を発揮する。

ＡＣＰはもともと意識の高い医療・介護従事者が行ってきたことであって、何も特別な取り組みではない。恐らく、人生会議の「会議」という単語が、誤解を生んでいる側面もあるのかもしれない。

悔やまれる母の看取りでの「ACP」

〝人生会議〟をめぐっては、私も母の看取りで苦い思い出がある。

母は末期の胃がんで他界したが、亡くなる1年くらい前に病院の主治医から余命宣告を受けたのを機に、私たち家族は在宅での療養・看取りに向けて準備を始めた。

なぜ在宅を選んだのかというと、病院嫌いだった母の希望が第一の理由だが、家族の総意でもあった。かつて父の両親を母が仕事をしながら在宅で看取った姿を見ていたので、自宅で看取ることは自然な成り行きだったのだ。

母は当初、病院に通院して抗がん剤治療を受けていたが、いずれは在宅療養に移行するのを見越し、早めに準備しておこうと在宅医探しからスタートさせた。

在宅医療は国策によって進められているが、まだまだ希望が叶わない地域もある。幸いにも母の自宅がある地域で、「痛みの緩和に対応できる」「緊急時に往診してくれる」「看取りに対応できる」という条件に合致するクリニックを探したところ、1カ所みつかった。

ちなみに、在宅医療は通院がむずかしい患者が対象だが、病院への通院と並行しながら利用することも可能だ。クリニックにはあらかじめ母や妹と一緒に出向き、それまでの治療経過や病状、在宅での看取りを希望していることなどを伝えるとともに、通院から在宅医療に切り替えるタイミングも相談した。

看取りの6カ月前。母のがんは、それまで転移が認められていた肝臓だけでなく、肺へも転移していた。この頃には腹部を触ると、しこり（腫瘍）がはっきりわかるほどになっていた。

病院の主治医からは別の抗がん剤を勧められたものの、すでに食欲不振や吐き気などの副作用で母の体力は消耗し、はた目にもきつそうだった。

「がんが治らないのであれば、副作用で苦しむ（苦しませる）よりも、痛みを抑えながらストレスなく過ごすほうが望ましい」

母と家族みんなで話し合った末の決断だった。

在宅医療は当初、週1回からスタート。母は昼間でも横になっている機会が増え、がんの進行による痛みも出ていたため、医療用麻薬などの痛み止めも処方された。先にも説明したとおり、末期がんの患者は比較的ADL（日常生活動作）が保たれやすいものの、亡くなる数カ月から数週間前になると体力がガクンと低下しやすい。

母も他界する1、2カ月前から歩行時にふらつくようになり、ベッド上での生活が中心となった。食事や歩行などの支援は、母と同居する妹がおもに担ってくれた。離れて暮らす私は金銭的に支援するとともに幾度も帰省して手伝うが、仕事や家庭の都合で長期の付き添いはできない。母の自宅まで新幹線を乗り継いで片道4時間かかるので機動力もなかった。

そのため妹の介護負担を少しでも減らそうと、介護保険を使ってホームヘルパー（訪問介護）の利用を提案したが、「自分でやるから頼まなくていい」と頑なに拒まれた。母への愛情が、誰よりも強かったせいもあるのだろう。

ただ、一般的に介護は長期戦になりやすいので、ひとりで背負い込むのはあまり好ましくない。余裕がなくなってくると、精神的に追い詰められやすくなるからだ。「家族に疲れが出てくると、介護を受けている側もつらくなる。ヘルパーを利用することで愚痴をこぼせるなど気晴らしにもつながる」と、在宅介護を支援するケアマネジャーも助言する。ヘルパーは介護をする側だけでなく、介護を受ける側の精神的な支えになる場合もある。家庭内に第三者が入ることで、風通しもよくなりやすい。

とはいえ、妹が了解してくれないと先に進まない。そこで今度は、訪問看護の利用を提案したところ、意外にもすんなり受け入れてもらえた。正直、ほっとした。

訪問看護は、看護師が自宅に出向いて体調の管理をはじめ、診療の補助や療養上の世話をするサービスで、介護保険、または医療保険が使える。病気や年齢などによって適用となる保険が決められているが、末期がんの患者が自宅で療養する場合は、医療保険と介護保険のいずれでも使える。

どちらを適用とするかは主治医やケアマネジャーの判断によるが、在宅医による訪問診療と併せて訪問看護も利用しているのが一般的だ。がんの痛みや症状に看護面で対処してくれるだけでなく、療養する上での医療的なアドバイスも得られ、医師に直接聞きにくいことでも相談しやすい。

私は早速にケアマネジャーに相談し、訪問看護の利用を在宅医に照会してもらったが、思いもよらない反応が返ってきた。

「まだ必要ないでしょう」

えっ、なんで？　まさか断られるとは考えていなかったので混乱したが、訪問看護を利用するには医師の指示が必要となるので、この時点ではあきらめるしかなかった。

なぜ断られたのかは後になって明らかになるが、これが後々、予想外の事態をもたらすきっかけにつながるとは知る由もなかった。

看取りが近づくにつれ、妹の介護疲れもピークに達していた。母は夜中でもトイレに何度も行こうとするので、そのたびに起こされるからだ。歩行時のふらつきで転ばないようポータブルトイレを使ってみたものの、ベッドから起き上がるのにも介助が必要だった。

「このままでは妹が倒れてしまうかもしれない」

そう考えて、今度は私から在宅医に直接事情を伝えたところ、ようやく訪問看護の利用を受け入れてもらえた。後から思い返せば、母が亡くなる2週間前のことだった。

ただ、ほっとしたのも束の間、その日のうちに在宅医がクリニックの看護師を伴って母の自宅を訪れ、次のように問いかけた。

「娘（妹）さんがだいぶ疲れているようだけど、この先どうしますか？　このまま家で過ごしたいですか。入院することもできますよ」

私はその場にいなかったが、妹によると、母はしばらく考え込んでいたようだ。突然のことに驚いたに違いない。

「娘が疲れているなら、1週間くらいなら入院してもいいかなあ」

病院嫌いの母は、家にいたい気持ちを抑えながら娘に精いっぱいの配慮をしてくれたのだと思う。

　ところが、在宅医はそんな事情を察することなく、今度は妹に向かってこう畳みかけた。

「娘さんはどうしたいですか？」

　私は開いた口がふさがらなかった。後日、なぜこのようなことを聞いたのか在宅医に尋ねたところ、訪問看護の利用をきっかけに入院した例が過去に相次いだため、「この機会に意向を確かめたかった」と言い訳していた。

　それにしても闘病中の母に向かって、このような発言をするのは、あまりに配慮がなさ過ぎる。家族の意向を確かめるにしても、別の機会をとらえるなどほかにも方法はあるだろう。

　本人の目の前では、家族でも言いにくいことがあるかもしれない。切り出すタイミングを見計らうことも必要だ。これが〝人生会議〟という名の意思確認の場だと考えているのだとしたら、あまりにもお粗末としか言いようがない。

　何より残念なのは、在宅医がなぜ母や私たち家族が在宅療養・看取りをしたいと考えたのか理解していなかったことだ。母が病院嫌いであることや家族の思いをわかっていれば、こんなひどい意思確認をする必要はなかったはずだ。

私たち家族は、その後も自宅で看取る方針に変わりはなかったので、在宅医による診療は続けられ、無事に最期を見届けることができた。ただ、土壇場で母に余計なストレスをかけてしまったことは今でも申し訳なく思っている。

看取りはやり直しがきかないだけに、人生会議のやり方次第では本人や家族に大きな禍根を残すことになりかねないのだ。

第三章　わが家での最期をはばむバイアス

最期を迎えたい場所の希望と現実

昨今の終活ブームの背景には、いざというときに「迷惑をかけたくない」という心理が働いているそうだ。特に親の介護で苦労したシニア世代は、同じ思いを子どもには「させたくない」と考えるようである。なかには「期待できないから」と、介護が必要になったら施設に世話になるしかない、とあきらめている人もいる。

その一方で、「亡くなるときは住み慣れたわが家で過ごしたい」と願う気持ちはまだまだ根強い。

公益財団法人日本ホスピス・緩和ケア研究振興財団が２０１７年、20歳から79歳までの全国の男女１０００人を対象に、余命が１、２カ月となった場合に希望する看取りの場所を聞いたことがある。それによると、7割以上の人が「自宅で過ごしたい」と答えた。やはりホンネでは、わが家で最期を迎えたいと願う人が圧倒的に多いことがわかる。

とはいえ、約4割は自宅での看取りを希望するものの、「実現はむずかしい」と考えていることも明らかになっている。実のところ、〝在宅死〟は思うように広がっていない。厚生労働省の人口動態統計（2018年）によると、死亡者の約74％は病院で最期を迎えている。

ひと昔前までは、病状が悪くなると近所のかかりつけ医が往診してくれて、最期も自宅で看取る光景はめずらしくなかった。私の祖父母もそうだったが、食道がんの末期で自宅療養していた祖母の最期のときには、その場に居合わせた私が死に水をとったうえで、かかりつけ医に来てもらい死亡を確認してもらったのを覚えている。

ところが、いまでは病院で死亡する「病院死」が当たり前になっていて、人が亡くなっていく過程を見ていないシニア世代も少なくない。いまわの際には医師が心臓マッサージなどの処置を施すため、家族は病室から退出させられることもある。病院のベッド数の増加などを背景に、死が日常から遠ざけられるようになっていった。

近い将来、人口ボリュームの大きい団塊世代の看取りが迫っているが、これまでのように看取りを病院に委ねることはむずかしくなっていく。というのも、政府は病院のベッド数を増やすつもりはなく、むしろ削減していく方針だからだ。医療費を抑制するのが狙いだが、その代わりに期待されているのが介護施設や自宅での看取りである。

実際、特別養護老人ホームや有料老人ホームなどの施設で亡くなる人は、2011年には4％に過ぎなかったが、近年は増える傾向にあって直近では8％にまで倍増した。政府は、看取りを行った施設に介護報酬で加算をつけるとともに、在宅医による施設への訪問診療にも医療保険からの報酬で手厚く誘導しているからだ。

一方、〝在宅死〟については、いまだに全体の13・7％に過ぎない。厚生労働省は2012年から、施設同然の「サービス付き高齢者向け住宅」や「認知症グループホーム」での死亡も在宅死として位置づけてはみたものの、数値に大きな変動はみられない。２０００年以降、12％から13％台をずっとウロウロしたままだ（第一部第四章の図5参照）。

　むしろ昨今は、サービス付き高齢者向け住宅や認知症グループホームでも入居者を看取る例が広がりつつあるので、その分、〝本来の自宅での看取り（自宅死）〟は減少していると考えていいだろう。

病院の決めたレールに乗せられる患者

　自宅死が伸び悩んでいるのには、いくつか理由がある。その一つが、在宅療養・看取りをするための〝道案内役〟がいないことだ。

　高齢者の場合は、入院をきっかけに介護が必要になりやすいが、どのような支援があれば自宅で生活できるのか具体的に相談にのってくれる専門家の助けが不可欠となる。比較的規模の大きい病院には医療ソーシャルワーカー（ＭＳＷ）という相談員がいて、本人と家族それぞれの意向を確認したうえで折り合いをつけ、必要な支援を案内・手配することになっている。

だが、残念ながら、ＭＳＷは在宅介護の事情をあまり知らないので、具体的な提案ができない。後で詳述するケアマネジャーにつないでくれればいいが、だとしても事業所をどこにするのか探すのは本人・家族だ。初めて介護に直面する者にとっては手続きが複雑で面倒に感じることもある。結果、「自宅で介護なんてできない」と考えて、施設に頼ることになってしまいがちなのだ。

「はなから自宅での療養は無理だと決めつけるＭＳＷもいます」

こう指摘するのは、訪問看護の現場を経て、ケアマネジャーとして活躍する井上真紀子さん（仮名）だ。自身の父親が一昨年、病院から退院するときにも、その実態を目の当たりにした。

井上さんは、病棟の看護師に自宅に戻る意向をあらかじめ伝えていたが、退院のめどがついた途端、ＭＳＷは主たる介護者である母親に次の転院先を執拗に勧めてきたそうだ。

「オムツを替えられるんですか」

渋る母親に対し、ＭＳＷはこう詰め寄り、何度も転院を促した。

井上さんは「まるで何もできない人のように母は扱われたので、とても落ち込んでいました。家族の意向を受け止めようとせず、ＭＳＷの価値観を一方的に押しつけるのはおかしい。自宅で療養できるチャンスを逃しかねない」と憤る。

病院によっては、患者に案内する転院先が事前に決められていて、患者や家族がほかの選択肢を考える時間もないまま、病院の決められたレールに乗せられることもある。病院は、患者を早期に退院させないと医療保険からの報酬が下げられてしまうので、手続きに時間や手間がかかる自宅療養を案内するよりも、次の転院先を紹介したほうが手っ取り早いからだ。

なかには経営上の都合で、系列の病院や施設を転々とさせられ、永遠に自宅に戻れないケースもある。家族にとっては次の入院先が決まってホッとするかもしれないが、本人の意向はそっちのけだ。施設を希望する家族には、民間の「老人ホーム紹介センター」を案内するだけのところもある。

某地域の事情通によると、ある大手の医療機関では患者の所得によって案内する転院先が決められていて、低所得者には地域でも医療の質が低くて評判の悪い病院が紹介されるのだという。そこに転院した患者は、間もなくして亡くなってしまうことが多いそうだ。背筋が寒くなるような話である。

病院から案内された転院先や施設が、必ずしも本人にとって望ましい療養先だとは限らないのだ。

伴走者となるケアマネジャーをいかに探すか

自宅での看取りが進まないのは、人が死にゆく過程をみる機会が失われているのも一因である。これまでは〝病院死〟が当たり前だったのでイメージができず、不安が先に立ってしまう。いわば看取りは〝未知の領域〟なので、はなから「できない」と思い込んでしまうのだ。

「終活が盛んになり、昨今は終末期医療の希望を述べる人が増えつつあるのに、なぜかその手前の介護や療養先についてあらかじめ考えている人が少ないように感じます。介護保険は〝自己決定〟が原則なのに、いざ介護が必要になったときは、本人よりも家族の意向に引っ張られがちなのが現状です」

こう話すのは、「アースサポート渋谷」の塚田宏所長（介護福祉士）だ。

同社は、介護保険が始まる前から訪問入浴を中心とした在宅介護サービスを全国展開する老舗の介護事業者で、塚田所長はいまも部下と一緒に現場に出向く。そのなかで本人は家にいたいのに、家族のさまざまな都合で施設入居となる現実を幾度となくみてきた。

人生の最終段階では、医療よりも介護の比重が増すだけに、どこで、どんな生活を送りたいのか考えておくのが望ましい。だが、介護が必要となったときに、自宅でどんな支援が受けられるのか伝わっていないのも課題だ。訪問入浴もその一例で、一般にはサービスの内容が具体的に知られていないので、利用につながるまでに時間がかかることがあるという。

昨今は、通いのデイサービスでも入浴の支援を受けられるが、自宅に専用の浴槽が持ち込まれる訪問入浴では、寝たきりだけでなく、胃ろうや膀胱留置カテーテルなどの医療処置が必要な人でも利用できるのが特長だ。アースサポートでは訪問入浴を利用する人の約7割が「要介護4、5」と介護度の重い高齢者だが、介護職員2人と一緒に看護師も出向くので、かかりつけ医と連携して体調にも目を配れる。亡くなる直前まで同社の訪問入浴を利用し、「最期まで身体をきれいにしてもらって天国に逝くことができた」などと家族から感謝の言葉をかけられることも少なくないそうだ。

「病気療養の不安からなかなか眠れなかった人が、訪問入浴の利用で熟睡できるようになったり、血流がよくなるなど体調に変化を感じてもらえたりする例もあります。入浴は、食事や排泄とは違って人間ならではの行為ですが、癒しなど精神面に与える影響も大きい。外出がままならないなか、職員との交流を心待ちにしてくださる方もいらっしゃいます。訪問入浴を利用することで、自宅での生活が続けられる方法があることも知ってもらいたい」と、塚田所長は訴える。

歩行に不安を感じていた高齢者に対し、訪問入浴の利用時にベッドから浴槽まで歩けるよう支援を続けた結果、馴染みのレストランでの外食につながった例もあるという。

介護サービスは単にできないことを補うだけでなく、本人の希望を叶えるための手段でもある。それだけに利用する側も、どういう生活を送りたいのか遠慮せずに意思表示することが大切なのだ。

病院の都合や家族の意向に流されず、最期まで自己決定を貫けるようにするためには、信頼できるケアマネジャーを見つけることも欠かせない。ケアマネジャーは介護が必要な高齢者等を対象に、自宅で本人が望む療養生活を続けるために必要な介護サービスなどの支援を提案・手配する専門家だ。地域の介護事情に詳しいのはもちろん、日頃から医療機関とも連携しているので評判もよく知っている。必要ならば在宅医につなぎ、看取りも支援する。

自宅での療養をめぐって、本人の願いと家族の考えが対立することはめずらしくないが、それもケアマネジャーが第三者として間に入ることで調整してもらえる。

ただ、その対応には差があって、家族の意向しか聞き入れないばかりか、経営上の都合を優先して系列の介護サービス以外は案内しなかったり、介護度が重くなると施設を早々に紹介してしまったりする例も残念ながら存在する。その結果、本人が自宅で最期を迎えたいという願いはおろか、人生の最終章の生活をも左右してしまうこともある。大げさに聞こえるかもしれないが、これも現実なのだ。

かかりつけ医を見つけることの重要性がよく指摘されるが、それと同じくらい信頼できるケアマネジャーと出会えることは大切で、在宅療養・看取りを叶える第一歩になる。それだけにケアマネジャー選びはぬかりなく行いたい。

選択にあたっては口コミを参考にするのも手かもしれないが、うまい具合に得られるとは限らない。そこでお勧めしたいのが、最寄りの「地域包括支援センター」に相談して、候補先（候補者）を絞ってもらうことだ。センターは公的な窓口なので特定の事業所を紹介することはできないが、看取りの実績があるケアマネジャーを教えてもらうといい。

自宅での看取りを支援するには豊富な経験が必要で、地域の在宅医らとの緊密な連携も求められるからだ。かかりつけ医にケアマネジャーを紹介してもらう方法もあるが、必ずしも本人の意向に沿った対応をしてくれるとは限らないので、地域包括支援センターなどで評判を聞いたうえで検討するといいだろう。

とはいえ、相性など、利用してみないとわからない場合もある。当初はいいように思えても、次第に約束が守られなかったり、思うように動いてくれなかったりすることがわかって不満が募っていく利用者もいる。介護事業所が日頃の支援を通じてサービス内容などの見直しを提案しても聞き入れず、自宅での生活が続けられなくなってしまう例もあるくらいだ。

もし途中で信頼関係が築けそうにないと感じたら、いつでもケアマネジャーを替えられることも覚えておきたい。「世話になっているから」と遠慮が先立って決断を先延ばしにしていると、取り返しのつかないことになりかねない。

新たなケアマネジャーを選定するにあたっては、地域包括支援センターだけでなく、訪問介護やデイサービスなどの事業所（ケアマネジャーが所属する系列先でないところが望ましい）からの情報も参考にしたい。普段から複数のケアマネジャーとかかわっているので、その力量や評判も知っている。

もし、ケアマネジャーの交代希望を当人に切り出しにくい場合には、新任者から伝えてもらうこともできるので、タイミングを逃さないようにしてもらいたい。次のようなチェックポイントも参考になるかもしれない。

□本人や家族の話をきちんと聞いてくれるか
□そのうえで具体的な提案やアドバイスがあるか（特定の事業所やサービスを押しつけることがないか）
□状況の変化に応じたケアプラン（介護計画）の見直しなどの提案やアドバイスがあるか（契約後）
□サービスの変更などに迅速に対応してくれるか（契約後）

“病院信仰”がもたらす弊害

せっかく自宅での療養を開始したとしても、いざ最期が近づいてくると病院に入院する（させる）ことを望んだり、ときには家族が救急車を呼んでしまったりする場合もある。その結果、帰らぬ人になってしまう例は少なくない。

一般社団法人全国在宅療養支援医協会の会長で、自らも在宅医として活躍する医療法人社団つくし会（東京都国立市）の新田國夫理事長は、そうした行動をとる背景には、根強い〝病院信仰〟がある、と指摘する。

「たとえ終末期であっても入院させれば助かるのではないか、という考えがあるのでしょう。点滴すれば症状が改善すると思い込んでいる場合もあります。しかし、代謝が低下しているのに点滴で過剰な水分を与えると、血管に吸収されずに身体がむくんだり、痰が出やすくなったりして苦しむこともあります。終末期になると水分や食事の摂取量が減りますが、それは身体を軽くして苦しまないで逝くための準備でもあるのです」

死に向かっている身体には、余分な医療が〝仇〟になるというわけだ。

もちろん終末期でも、症状改善のために入院が必要となる場合もある。ただ、特に急性期の治療を担う病院では、介護を行うための十分な人員が配置されていないので、入院前には歩けていた高齢者が〝寝かせきり〟にされ、退院後に歩けなくなったり、車いす生活になったりしてしまう例は枚挙にいとまがない。

大腿《だいたい》四《し》頭筋《とうきん》といって太もも前側の筋肉は、寝たままで動かないでいると2日間で

1％減っていくという研究結果が報告されている。公益財団法人健康・体力づくり事業財団によると、これは通常の加齢変化の1年分に相当し、2週間入院すると7年分の歳をとったことと同じだけ筋肉が減少してしまうのだという。

さらに、認知症の高齢者の場合は環境の変化に弱いので、入院をきっかけに混乱して落ち着きがなくなることも多い。それを抑えるために向精神薬（中枢神経系に作用し、おもに精神疾患の治療に用いられる薬物）が投与され、その副作用でふらつきや傾眠状態、意欲の低下などが起こることもある。病院としては転倒されてしまっては困るので、身体拘束で行動を押さえつけようとしがちだ。〝負のスパイラル〟である。

私の家族も数年前、東京都内の急性期病院で手術を受けた際、「人手が少ない」（看護師）のを理由に、勝手に立ち上がって歩行しないよう胴体や手足をベルトで拘束された。症状が改善したにもかかわらず、である。

ひとりでトイレに行けるようになっても、転倒しないよう夜間は強制的にオムツを着用させられた。

私は拘束を解いてもらうよう医師や看護師にかけ合ったが聞き入れてもらえず、結局、仕事の合間を縫って頻繁に付き添いに出向くほか、自費でヘルパーを雇って見守りを付けるしかなかった。それでも夜間は付き添いが認められないので、退院するまでベルトもオムツも外されないままだった。朝方に病院に出向くと、びしょ濡れのオムツで寝かせきりにされている姿を見るのは忍びなかったのを覚えている。

「とても恥ずかしかった」

私の家族は当時を思い起こし、いまでもこう話す。さぞかし屈辱だったのだろう。私自身もすごく傷ついた。

確かに急性期病院の看護体制は手薄で、夜間ともなればなおさらである。しかし、それを言い訳に、病棟に次々に搬送されてくる高齢患者に対し、歩行できる場合でもお構いなしに一律に胴体をベルトで終日拘束することが許されるとは思えない。

病棟ではベルトを外してもらおうと、「誰か〜、包丁かハサミを持ってきて〜」と叫び続ける高齢者を複数見かけたが、それでも看護師はまったく耳を貸そうとしなかった。

個々の患者の状態を見極めることなく、事故の回避を優先させる病院側の姿勢は、単なる〝保身〟でしかないだろう。

そもそも、身体拘束は患者や家族の心にダメージを与えるだけでなく、病状にも影響を及ぼしかねない。NPO法人全国抑制廃止研究会の理事長で、病院や介護施設の経営者でもある吉岡充理事長（医師）は、次のように警鐘を鳴らす。

「身体拘束は筋力のみならず、心臓や肺の機能まで低下させます。特に認知症の高齢者にはダメージが大きく、症状を悪化させやすい。高齢者は僅かな期間の拘束であっても、感染症への抵抗力が落ち、衰弱が進んで亡くなってしまう「抑制死」につながるリスクも大きいのです」

吉岡理事長によると、急性期病院での身体拘束はベッドからの転落防止のために行われることが多く、終末期状態の患者に対しても続けられる実態があるという。

「看取りが近いのに、24時間の持続点滴で過剰な水分が投与され、そのチューブを引き抜かないよう拘束される場合もあります。そもそも必要な治療かどうか検討の余地があるでしょう。転落を防止するなら低床のベッドを利用したり、床にマットレスを敷いたりするなどの対策もとれる。いかに縛らないで済むかを考えるべきです」

最近は、急性期病院でも拘束廃止に取り組むところが一部出てきたが、大半は身体拘束がなかば当たり前のように行われているのが実態だ。病状が回復しても、「入院を続けさせて欲しい」と家族は懇願しがちだが、特に高齢者は入院が長引くと体力の回復が妨げられるだけでなく、〝抑制死〟など悲惨な結果を招きかねない。私の身近でもそうした例を何度も見聞きしてきた。

急性期病院はあくまでも〝治療の場〟なので、介護は期待できないと考えておいたほうがいい。治療を終えたら、さっさと退院することが望ましいのだ。

もし直接自宅に戻るのに不安がある場合は、リハビリテーションに力を入れている「介護老人保健施設」（老健）を経由する方法もある。病院と自宅の〝中間施設〟として位置づけられ、入院で低下した体力や生活機能を取り戻し、自宅にスムーズに戻れることを目指す介護施設だ。自宅で介護サービスを利用するためのアドバイスや支援も受けられる。

有料老人ホームや特別養護老人ホームなど、ほかにも選択肢はあるが、いずれも身体拘束は原則禁止となっているので、日中はできるだけ離床を促し、排泄などの自立に向けた介護に取り組んでいるところが増えている。〝病院信仰〟は捨て去り、安心して療養できる場所を早期に見つけることに力を注いでもらいたい。

安らかな看取りを妨げる病院の都合

治療の甲斐なく病院で最期を迎える人はまだまだ多いが、それが悔いを残す結果になってしまった例もある。

数年前、父親（93歳）を入院先で見送った浩太さん（仮名・62歳）は、そのときの病院の対応にいまでも憤りを隠せない。

その日、父親は朝から不規則な呼吸を続けていたが、いまにも消え入りそうなくらい弱々しい息づかいに変わってきた。ベッドの傍で様子を見守る浩太さんが、このまま静かに見送ろうと覚悟を決めたときだった。

「部屋から出て行ってください」

看護師はあわただしく病室に入ってくるなり、何ら説明もなく退出するよう求めてきた。

浩太さんは仕方なく従ったが、父親の様子が気になって病室をそっと覗いてみた。すると、ベッドの傍に血圧や脈拍などを表示するモニターが設置され、そこからコーン、コーン、コーンと異常を知らせる音が鳴り響いていた。

「すぐに止めてください」

思いもよらない光景を前に、浩太さんが看護師にこう訴えると、医師が慌てて駆けつけてきた。

「病院のルールですから（モニターは）外せません」

「いや、亡くなったことを確認するためなら、瞳孔の反射を見るなどして先生が判断してくれればいい。とにかく、いまわの際にこんな音は止めてもらいたい」

しばし医師との押し問答を繰り返した末、ようやく浩太さんの希望が聞き入れられ、モニターは取り外されることになった。

だが、背を向けていたベッドを振り返ると、すでに父親は息を引き取っていた。

「まさかこんな結末になるなんて……。私はただ、父の最期を静かに見送りたかっただけなんです。明らかに死ぬことがわかっている患者に、モニターを付ける意味があるのか（医療従事者には）よく考えてもらいたい」

浩太さんはやりきれない思いを、こう打ち明けてくれた。さぞかし無念だったに違いない。その心中を思いやると、胸が張り裂けんばかりになる。

テレビの医療ドラマでも、モニターはよく登場するので、ご覧になった人もいるだろう。心拍や呼吸、血圧などの異常を早期に発見するためだけでなく、死亡確認にも使われる。波形が一直線になったのを機に、「ご臨終です」と医師が家族に告げる場面はお馴染みである。

人の死は、「心拍停止」「呼吸停止」「瞳孔散大・対光反射」のいずれもが消失したことをもって確認される。これらは「死の3徴候」と呼ばれ、モニターは医師がそれを判断するためのツールとして使われる。

しかし、事故や急病による場合はともかく、終末期にある患者で、明らかに最期が近づいているときでもモニターを付ける必要があるのかは検討されるべきだろう。

自宅や施設で看取る場合には、もちろんモニターなんてない。医師が目や耳、触診を通じて死亡を確認するが、それでも何ら問題は起きていない。

多死社会を目前に「治す医療」から「ささえる医療」への転換が求められているが、死亡確認の方法についても病院は従来の慣習にとらわれることなく、看取る側の家族をおもんぱかった対応がなされるべきだ。病院の都合によって、安らかな看取りが妨げられてはならない。

「10の基本ケア」で在宅ひとり死を実現

最期は自宅で迎えたいと願いつつも、「家族に負担をかけたくない」と考えて施設に頼ろうと考える人もいるだろう。だが、施設に入ったとしても、具合が悪くなれば家族はその都度呼び出されるし、救急搬送時には病院に出向くよう求められることもある。まったく家族に負担をかけないわけにはいかないのだ。

厚生労働省が２０１６年、全国の40歳以上の男女３０００人を対象に希望する介護の姿を聞いたところ、「家族に依存せずに生活できるような介護サービスがあれば、自宅で介護を受けたい」と答えた人がもっとも多かった。

ひとり暮らしであっても、訪問診療や介護サービスなどを利用しながら最期をわが家で迎えている例はいくらでもあるので、家族をわずらわせたくないのなら、それら専門的な支援に委ねる選択をすればいいだろう。

特別養護老人ホームあすなら苑などを運営する社会福祉法人協同福祉会（奈良県大和郡山市）では、通いのデイサービスをはじめ、ヘルパーや看護師による訪問、泊まりのショートステイを組み合わせながら、〝在宅ひとり死〟を可能にしている。

県内各地に設置した20ヵ所（2020年11月現在）の拠点から、電話1本で24時間365日いつでも地域の高齢者宅に駆けつけられる体制を確保し、在宅医とも連携して看取りを行う。本人や家族が希望すれば、介護・看護職員や理学療法士らが利用者宅に泊まり込んでお見送りをすることもあるという。

同法人の村城正理事長は、「意外かもしれませんが、同居家族がいるほうが在宅生活を断念しやすい。排泄介助などで家族が介護を負担に感じたり、症状が急変したときに対応してもらえるのか不安に思ったりするからです。そのためにも、ショートステイをいかに活用するかが鍵となります」と話す。

一般的にショートステイは事前に予約が必要なので、家族の急な用事や体調をくずしたときに使えなくて困ることもあるが、同法人では突発的な依頼にも柔軟に対応するだけでなく、夜間のみの利用も可能だ。家族の負担がやわらぐだけでなく、「いつでも希望すれば利用できる」という安心感にもつながるため、在宅介護を続けやすくなるのだ。

しかも同法人では、「10の基本ケア」（図7）という自立支援ケアによって、トイレに自分で行けるようにさせてしまう。オムツ交換などの排泄介助は家族がもっとも負担に感じるが、これが解消されることで在宅介護を決断する家族も少なくないのだという。ひとり暮らしの高齢者にとっても、排泄の自立は在宅生活を続けるうえで大きな力になる。

10の基本ケアは、「床に足をつけて椅子に座る」「トイレに座る」「家庭浴に入る」といった一連の支援によって成り立っているが、食事時には車いすではなく椅子に座り、足を床につけて踏ん張れるよう、数種類の高さの椅子を用意。排泄介助では、必ずトイレに誘導して立ち上がりや座る動作を繰り返す。

日常生活のなかで、小さな負荷を何度もかけることによって、まずは座位（座る姿勢）がとれるようになることを目指す。そうすればトイレの自立につながり、オムツを使わないで済むようになる。筋肉の拘縮も防げるので、家庭浴槽での入浴も可能だ。日常生活を送りながら、自然に筋力の維持や向上につなげる「生活リハビリ」という取り組みを徹底している。

図７　「10の基本ケア」

1. 換気をする
2. 床に足をつけて椅子に座る
3. トイレに座る
4. あたたかい食事をする
5. 家庭浴に入る
6. 座って会話をする
7. 町内にお出かけをする
8. 夢中になれることをする
9. ケア会議をする
10. ターミナルケアをする

出所：社会福祉法人協同福祉会

その結果、寝たきりで病院から退院してきた高齢者が、トイレに歩けるまでに回復する例はめずらしくないのだという。

「高齢者は入院をきっかけに介護が必要になりやすいが、退院時に病院の相談員から在宅医療や訪問看護などを紹介されて自宅に戻り、寝たきり生活を続けている例を多く見かけます。これでは単に病院のベッドを自宅に持ち込んだに過ぎません。在宅で生活するイメージを持ち合わせていないから、こうなるのでしょう。生活リハビリを徹底して自分でできる行為を増やせば、重度化を遅らせることができる。独居でも在宅生活が続けやすくなるのです」と、村城理事長は力説する。

同じような支援が、全国どこでも受けられるとは限らない。だが、自宅での療養や看取りを叶えるために、デイサービスへの「通い」をはじめ、ヘルパーや看護師による「訪問」、いざというときの「泊まり」を一体的に組み合わせた支援は、介護保険にも位置づけられている。「小規模多機能サービス」や「看護小規模多機能サービス」と呼ばれるが、こういう選択肢があることも知っておいて欲しい。最近では、24時間365日対応の「定期巡回・随時対応型（訪問介護看護）サービス」も広がりつつある。

介護はとかく負担の大きさばかりが取り沙汰されがちだが、プロのサービスを利用すれば、「わが家で最期」も決して叶えられないわけではないのだ。

第四章　がんで死ぬなら自宅を選べ

がんで最期を迎える場所の実情

わが国では、年間約100万人が新たにがんと診断されている。かつては不治の病と恐れられたが、いまは治療技術の進歩や新たな治療薬の登場などで治癒率が向上し、がんと診断されてから5年後に生存している割合を示す「5年生存率」は、最新のデータによると約7割になった。

その一方で、治療の甲斐なく亡くなる人は年間約37万人にのぼり、がんは1981年以来、死因の第1位を占める。がん患者の高齢化も進むなか、人生の最終段階でがんと向き合わざるを得ない患者はこれからも増える見込みだ。

内閣府が2018年、全国60歳以上の男女に調査したところ、治癒が望めない病気になったとき最期を迎えたい場所として、自宅を選んだ人が半数超ともっとも多かった。末期がんの状態でも、果たしてそうした希望は叶えられるのか。「抗がん剤治療はいつまで続けるべきなのか」「痛みは取りきれるのか」「家族に大きな負担をかけることはないのか」など、気になることはいろいろあるだろう。本章では、それらの現状と対応策を紹介していきたい。

末期がんの患者が療養できる場所の一つに、「緩和ケア病院（病棟）」がある。抗がん剤や免疫療法、手術などの積極的な治療は行われないが、がんに伴う痛みや呼吸苦などの症状を緩和しながら療養できる場所として知られる。

緩和ケア病院（病棟）は全国431施設8808床（2019年11月現在、NPO法人日本ホスピス緩和ケア協会調べ）。希望しても満床ですぐに入院できない場合もあるが、それでも病床数は10年前と比べ倍増した。

ただ、かつてのように最期までいられる〝終の棲家〟ではなくなっている。昨今は、緩和ケア病院（病棟）も〝在宅療養〟を積極的に支援するよう求められているので、症状が落ち着くと退院を促されやすい。限られたベッドを、より多くの患者が利用できるようにする狙いもある。入院が長期化すると、医療機関が受け取る診療報酬を引き下げる仕組みが導入されているので、経営上も患者を長く入院させられなくなっているのだ。

しかし、そうした事情は一般には案外知られていない。東京都内の緩和ケア病棟に勤務する看護師は、「患者さんは入院後に痛みがとれて、ようやく症状が安定したと思ったら退院を促されるので戸惑っています。見ていて気の毒に思うこともあります。いったん自宅に戻って、もう一度入院することもできますが、タイミングよく空きがあるとは限りません。そうこうしているうちに、自宅で亡くなってしまう患者さんもいます」と、実情を打ち明ける。

緩和ケア病院（病棟）は、自宅で療養している患者が症状に不安がある場合などに、一時的に入院することも可能だ。しかし、医療機関が事前に使い方を丁寧に説明していなかったり、退院後の支援が十分でなかったりすると、「なぜ、退院しなければならないのか」と不満や苦情につながることもある。

さらに入院費が思いのほか、かかる点にも留意したい。緩和ケア病院（病棟）は個室の占める割合が増えているので、その分、医療費とは別に個室代の支払いが必要となり、月数十万円にのぼる例も少なくない。個室はほかの患者に気を遣わずに療養できるが、費用面から利用をあきらめざるを得ないこともあるのだ。

地域によっては急性期の患者向けの病院や、病状が比較的安定した患者向けの「地域包括ケア病院（病棟）」でも、末期がんの患者を受け入れる場合がある。相部屋が多いので、緩和ケア病院（病棟）に比べれば費用は抑えられる。

ただ、いずれも診療報酬上、それぞれ入院できる期間が定められているので、希望してもずっと入院できるわけではない。なかには、入院期間のタイムリミットが近づいてきたのを理由に、看取りが間もない患者を無理やり退院させ、介護施設がやむなく引き受けざるを得なかった例もあるくらいだ。

新型コロナウイルス感染症の拡大で、家族らの面会を制限する医療機関が相次いだが、病室に入る人数や時間を制限するだけでなく、看取りが近づいていても面会を禁止しているところもある。

知人の女性（73歳）はコロナ禍の最中、誤嚥性肺炎の治療で入院していたが、症状が急変して病院から家族が呼び出されたものの、「面会はひとりにしてください」と言われてやむなく娘だけが病院に出向き、夫は死に目に会えなかったそうだ。「こういう時期だから仕方がない」と夫は自らを納得させようとしていたが、その複雑な胸中はいかばかりかと察する。

面会制限は、緩和ケア病院（病棟）でも例外ではなく、日本緩和医療学会等による調査でも98％の病院（病棟）で面会の人数や時間を制限していたほか、約2割は看取りが間近に迫っていても、親や子どもなど家族との面会を禁止していたことが明らかになっている。

いざというときになって、病院の都合や診療報酬のルールに振り回されるくらいなら、最初から自宅での療養を選択肢として考えておいたほうがいいだろう。在宅医や看護・介護サービスを探すにしても準備などに時間がかけられる。

自宅での療養をためらう理由として、「いざというときに入院できないのではないか」という不安も聞くが、緩和ケア病院（病棟）だけでなく、地域包括ケア病院

（病棟）でも一時的な療養のための入院を受け入れている。在宅医に相談して手続きしてもらうといいだろう。

自分らしい生活を叶える「在宅緩和ケア」

がんは亡くなる直前まで日常生活動作（ＡＤＬ）が保たれやすいので、むしろ自宅での療養に向いている。介護が必要になったとしてもその期間が短いので、家族も先の見通しが立てやすい。ひとり暮らしの看取りも可能で、実践例も各地で報告されている。

肺腺がんで闘病中の敏彦さん（仮名・81歳）は、東京都内にある自宅でひとり最期を迎える覚悟を決めている。がんが発覚したのは約1年前。体調が芳しくないので病院で検査してもらったところ、「治癒は望めない」と主治医から告げられた。末期がんの宣告だった。

「抗がん剤の治療を勧められたけど断りました。病院に入ったら命が短くなりそうな気がしてね。家なら自由にできる」

末期がんでも延命などを目的に抗がん剤治療を続けることは可能だが、抗がん剤はがんを叩くだけでなく、正常な細胞にもダメージを与えるので体力がガクンと低下してしまう場合もある。敏彦さんは積極的な治療はせずに自然な経過に任せ、自宅でのんびり療養することを選んだ。

息子（50代）のことが気がかりなのも理由だという。数十年前に妻が他界後、息子は脳卒中で倒れて後遺症が残り、障がい者施設に入所。敏彦さんは自らのがんが発覚してからも月に数回、自転車を走らせて面会に出向く。

「家にいれば、外出も自由だからね。（息子が）心配なもんで」と言うが、自らの病よりも子どもを気遣うのは親心なのだろう。それが療養の大きな支えにもなっているようだ。

そんな敏彦さんを支えているのは、都内墨田区にある医療法人社団「パリアン」の在宅緩和ケアチームだ。在宅医をはじめ、看護師やヘルパーらが定期的に訪問するほか、痛みや不安があれば24時間いつでも連絡でき、緊急時には駆けつける。患者によるランチ会や食事づくりなどの生活支援を行うNPO法人も立ち上げ、がん患者の在宅療養を支えている。

「2階に上がってきて横になるけど、息苦しさがなかなか戻らないんだよね」

敏彦さんは、家を訪ねてきたパリアンの理事長である川越厚医師に会うなり、不安を口にする。

「肺の病気があるから苦しいと思うよ」

川越医師は呼吸不全のつらさを訴える敏彦さんに共感を示しつつ、聴診器を胸にあてて心音を確認。気さくに世間話を進めながら、体調や生活に変化がないかを把握していく。

敏彦さんには、症状緩和のために医療用麻薬が処方されているが、最近はがんの進行で胸部などの痛みが増しつつあるという。

「10点満点が最大だとすると、いまの痛みは何点くらい？」

「5、6点かな」

がんによる痛みは人によって感じ方が違うため、10点満点スケールはそれを推し量る〝ものさし〟として使われる。川越医師はどんな感じの痛みなのか、いつ痛むのかなども聞き取り、薬の効き具合を判断。痛みがとれる量や種類を見極めていく。便秘などの副作用が生じていないかもチェックする。

「量を少し増やして様子をみましょう」

敏彦さんは頷くと、それまでこわばっていた表情を緩ませた。ほっとしたのか、川越医師と会話する声も弾み、診療を終えると玄関先まで見送ってくれた。

パリアンは、2000年の発足時からこれまでに約2500人のがん患者を看取ってきたが、その9割超が〝自宅死〟という全国でもトップクラスの実績を誇る。患者の大半は、がんの手術や抗がん剤などの治療を担う病院からの紹介だ。

がんに伴う痛みやつらさをやわらげる緩和ケアは後で詳述するが、敏彦さんのように自宅にいても受けられ、「在宅緩和ケア」と呼ばれている。これまで取材した在宅医からは、「入院しているときよりも自宅に戻ったほうが痛みが出にくい」とよく聞く。住み慣れたわが家という環境が、精神面や治療に及ぼす効果は大きいのだろう。

何より自宅は、自分のペースで生活できるのが最大の利点だ。家族とのかけがえのない時間も過ごしやすい。がんで他界した私の母は自宅で療養していたが、孫が学校の行き帰りに顔を見に来てくれたり、母の部屋で一緒に寝泊まりしてくれたりした。さぞかし心強かったに違いない。これも自宅にいたからこそできたことだと思う。

抗がん剤治療の限界と〝やめどき〟

在宅緩和ケアは治療病院からの紹介がきっかけで利用に結びつくのが一般的だが、敏彦さんのように1年近く自宅で療養できるのは稀で、パリアンが担当した患者の療養期間の平均は2ヵ月程度。23日前後がもっとも多い。残された時間は決して長くない。その理由について、川越医師は次のように説明する。

「近年、抗がん剤の開発が著しく、以前に比べて一部に効果が見られるものも出てきたので、どこからが末期なのかわかりにくくなっています。そのため抗がん剤治療をぎりぎりまで続けた末に在宅緩和ケアに紹介されてくるので、どうしても自宅で療養できる期間が短くなりがちです。末期がんの患者は生命予後（余命）が非常に短いことを念頭に、対応を検討しなければなりません」

がんを叩く抗がん剤は治癒につながることもあるが、末期の場合は使う目的が異なる。しかし、医師の説明が十分でなかったり、患者も期待が大きかったりするので、必ずしも伝わっていないという。

「末期がんへの抗がん剤治療は、腫瘍（がん）の縮小、もしくは延命を目的として行われます。ただ、腫瘍が小さくなったからといって、がんが治ったわけではありません。延命につながるかどうかも統計学的には有意差があっても、それは患者群への検証の結果であって、個別の成績ではありません。厳しいことを言うようですが、末期の患者さんへの抗がん剤治療は、死を先送りしているのに過ぎないことも承知しておくべきなのです」

在宅緩和ケアに紹介されてくる患者でも、末期の自覚がない例は少なくないそうだ。そのためパリアンでは、体調の変化などをとらえて「お迎えが近づいているからね」などと伝え、できるだけ早期に自覚を持ってもらうようにする。ただ、頭ではわかっていても、体感しないと現実を受け止められない場合もあるという。

「厳しい現実に衝撃を受ける患者さんもいますが、看護師らが本人や家族の気持ちを理解しながらサポートすることで受け止められるようになっていきます。症状が進んでしまってからでは、やりたいこともできなくなります。例えば、子どもに伝えておきたいことがあったり、仕事の引継ぎが必要だったりする場合もあるでしょう。〝いま〟を大事にしてもらうためにも、死を受容することが必要なのです」

看取りの時期を正確に予測するのはむずかしいものの、残された時間をどう過ごすか考えてもらうためにも大まかにでも伝えることが不可欠だという。家族にとっても予後を知らされないばかりに、大切な看取りの時期を一緒に過ごせなかったことで悔いが残ってしまうからだ。

そもそも高齢者への抗がん剤治療については、効果を疑問視する指摘もある。日本老年学会と日本在宅医学会、国立長寿医療研究センターが作成した「高齢者在宅医療・介護サービスガイドライン２０１９」では、終末期や全身状態が不良である患者に抗がん剤を投与しても効果は期待できず、副作用ばかりが出てしまうことも多いと指摘している。

米国腫瘍学会では、抗がん剤投与を行わない緩和ケアによって、むしろ確実な利益が得られるため、コストベネフィット（費用対効果）の観点からも日常生活機能が低下したがん患者には、がん薬物療法を行うべきではない、と明言しているくらいだ。

抗がん剤でがんの勢いを一時的に押しとどめたとしても、正常な細胞もやっつけることになるので、結果として衰弱死してしまう場合もある。とりわけ高齢者は一般成人よりも体力が低下していたり、ほかの病気を抱えたりしていることもあるので、抗がん剤による副作用が強く出やすい。たとえ延命できたとしても、つらい副作用に苦しむ期間が長引くだけかもしれないのだ。

がんセンターや大学病院などにかかって抗がん剤治療を続けたものの、「もうほかに治療法がないので、近くの医療機関で診てもらってください」と医師から告げられ、見捨てられたと感じる患者は少なくないが、こうした事情を知ったうえで治療をどこまで続けるべきか早めに検討しておくことも必要だろう。

高齢者へのがん治療については本来、治療の効果と副作用のバランスを考慮して個別に対応を判断するのが望ましいとされているが、医師によって対応にばらつきがある。私の母の主治医も末期がんの宣告後に延命を目的に抗がん剤治療を勧めてきたが、効果を尋ねても「やってみないとわからない」と言うだけで（確かにその通りなのだが）、副作用も十分に知らされなかった。

大手医療法人グループの病院長を経て、大阪府大東市でクリニックを立ち上げ在宅療養・看取りに取り組んでいる藤林保医師は、このような対応がまかり通る背景にはがんの治療体制に課題があると指摘する。

「がん告知は、当然のように行われる時代となりましたが、治療病院は抗がん剤治療を終えたらそれまでで、後のことは関与しません。がんの診断をはじめ、手術や放射線治療、化学療法など診療科や医師がそれぞれ分かれ、患者を一貫して診る体制になっていないからです。そのため責任の所在もはっきりしません。本来はがんを告知した以上、終末期であっても患者に対して責任のある対応をとるべきです。

そうすることで治療内容が適切だったのかも検証できるのです」

がん治療の進歩は著しいとはいえ、まだまだ治癒が望めない患者もいるのが現状だ。医学の専門分化で縦割りが進むばかりでは、治療成績の向上も期待できない。がん治療の構造的な問題を突きつけられた思いだ。

勇気のいることではあるが、〝治療からの撤退〟も、がんの終末期治療では大事な選択肢であることを認識すべきだろう。たとえ抗がん剤治療を続ける場合でも、治療によってどのような効果が期待されるのか、さらに途中で止める場合の症状の目安なども医師に確認したうえで、治療を続けるべきかどうか検討するのが望ましい。

介護保険を使い損ねない方法

国立社会保障・人口問題研究所の推計によると、65歳以上高齢者のひとり暮らしは、２０１５年の６２５万人から２０４０年には８９６万人に増加、75歳以上では５１２万人にのぼると見込まれている。単身の高齢者への支援はますます必要とされるが、前出のパリアンでも終末期をひとりで過ごす患者への支援が増えているという。

　ただ、家族や親族がまったくいない例はあまりないそうだ。本人へのかかわり方もそれぞれで、必要に応じて介護に参加する家族もいれば、一切対応しなかったり、死後の手続きのみを行ったりするなど一様ではない。

「ひとり暮らしだからといって、自宅で最期を迎えられないわけではありません。むしろ家族や親族から『何かあったら心配』、『独りではかわいそう』などと言われ、本人は自宅にいたいのに迷いが生じ、周囲の意向に流されてしまうほうが問題です。医療従事者のなかにも同様に末期がんの患者が家で過ごすのは無理だ、と考える人がいまだにいるくらいですから」と、川越医師はため息を漏らす。

　そうした周囲の雑音に惑わされないためにも、家にいたいと思ったら、家族や周囲にしっかり自らの思いを伝えることが大切だという。

　パリアンでは、本人の意向を尊重するのはもちろんのこと、家族や親族、友人など本人を取り巻く関係者もできる限り把握し、各人がどこまで協力してもらえるのか確認するとともに、本人への影響力も見極める。ふだん見かけない家族が本人の意向を左右する場合もあるからだ。

そのうえで、症状や今後の見通しを伝えるときも、特定の家族だけに連絡すればいいのか、それとも個々に連絡するほうがいいのかも判断する。家族の思いもそれぞれで、ちょっとした行き違いがトラブルに発展したり、本人の意向とは違う方向にいってしまったりすることもあるという。

介護を家族に頼れない、もしくは負担をかけたくない場合は、公的介護保険でヘルパーによる身の回りの世話や排泄介助などの支援を頼んだり、起き上がりや体位を楽にする介護ベッドなどの福祉用具を借りたりすることもできる。

公的介護保険は原則65歳以上の高齢者が対象だが、末期がんの場合は40歳以上であれば利用できる。ただ、あらかじめ市町村の介護保険窓口か最寄りの地域包括支援センターに出向き、「要介護認定」の申請手続きが必要だ。ケアマネジャーに頼んで手続きを代行してもらうこともできる。

要介護認定とは介護保険を利用するための関門で、介護の手間がどれくらいかか

表8「在宅サービスの支給限度額（1カ月）のめやす」　（単位：円）

要介護度	支給限度額	自己負担（1割）	自己負担（2割）	自己負担（3割）
要支援1	50,320	5,032	10,064	15,096
要支援2	105,310	10,531	21,062	31,593
要介護1	167,650	16,765	33,530	50,295
要介護2	197,050	19,705	39,410	59,115
要介護3	270,480	27,048	54,096	81,144
要介護4	309,380	30,938	61,876	92,814
要介護5	362,170	36,217	72,434	108,651

注1：地域によっては上記より高くなる場合がある
注2：自己負担は支給限度額をめいっぱい利用した場合の費用

っているかを測る全国共通のものさしだ。市町村から派遣された調査員が自宅や病院などに出向いて、規定の調査項目にしたがって心身の状態を把握するとともに、家族らから特別な事情があれば聞き取る。それらと主治医による意見書も踏まえて、専門家による合議体で介護が必要かどうかを判断する。

「要支援1、2」または「要介護1〜5」のいずれかに認定されれば、介護保険の各種サービスが1割から3割負担で利用できる。要支援よりも要介護のほうが、さらに要介護でも数字が大きくなるほど介護の必要度が高く、利用できるサービスの量も増える（表8）。

一般に、申請から結果が出るまで40日程度はかかるので早めの申請が欠かせないが、末期がんのように急激に体力が低下するなど緊急性がある場合には、結果を待っていては間に合わない。そこで公的介護保険には認定結果が出る前であっても、先に介護サービスを利用できる仕組みがある。「暫定利用」といって、要介護認定が出ることをあらかじめ想定したうえで、ケアマネジャーが暫定的なケアプランを作成し、サービス利用につなげることが可能となっている。

ところが、意外にこの仕組みが知られておらず、患者向けの医療相談窓口や医療従事者から教えてもらえずに、介護保険の利用機会を逸してしまう例が少なくない。国立がん研究センターが2018年、がん患者で死亡前6ヵ月間に公的介護保険を利用しなかった遺族にその理由を尋ねたところ、およそ4人に1人が「申請したが利用できなかった」と答えた。

実際、本人が亡くなってから認定結果が届いて残念がる遺族もいるが、せっかくの仕組みが周知徹底されていないのは残念だ。要介護認定の申請時に「先にサービスを利用したい」と窓口で伝えれば、その後の詳しい段取りは教えてもらえるので、急に介護サービスが必要となった場合は、ぜひ活用してもらいたい。先にケアマネジャーに相談しておくと、よりスムーズに事が運びやすいだろう。

また末期がんは症状が急激に進みやすいが、その場合は、要介護認定の再申請（区分変更申請）も検討したい。要介護認定は病状の重さではなく、あくまでも介護の手間を推し測るものなので、申請の時期によっては介護度が軽く出てしまうこともある。そのままにしておくと利用できるサービスの量が限られてしまい、思うような支援が受けられなくなる。ケアマネジャーと相談して、再申請のタイミングを見逃さないようにしてもらいたい。

一方、死後の手続きは医療・介護従事者の管轄外なので、家族や親族に頼むことも検討しなければならない。役所への死亡届けをはじめ、遺体の火葬や埋葬、光熱費など各種支払い、居住していたアパートの解約など意外にやるべきことは多い。

もし親族に頼れないのであれば、弁護士や司法書士、社会福祉士などの専門家に死後事務を任せるか、第二部第一章で紹介した「おひとりさま支援サービス」を利用する手もある。親族にどこまで頼れるのか検討したうえで早めに準備をしておくといいだろう。

いまだ根強い医療用麻薬への誤解

自宅での療養を続けるにあたっては、がんに伴う痛みやつらさをいかにやわらげることができるかが鍵となる。85歳以上の高齢者は痛みを感じにくいという指摘がある一方、進行がん患者の7割は痛みやつらさを経験するとも言われる。

がんが周囲の組織や神経を巻き込むことによって生じる痛みだけでなく、手足のむくみや筋肉のつり、呼吸困難などを伴うこともある。また、治療の副作用によって、吐き気や嘔吐、便秘、体のだるさ、食欲不振などがもたらされる場合も少なくない。

闘病中には何かと不安になったり、気分が落ち込んだりするなど、精神面への影響も大きい。実は、私もがんサバイバー（体験者）で、30代半ばで乳がんを患ったが、当時は治療と仕事の両立に悩み、イライラして家族にあたったりしていた。それまで大した病気をすることもなく元気だっただけに、急に命に限りがあることを突きつけられたショックは大きかった。ストレスも感じていたのだと思う。

　ましてや末期を宣告された患者ともなれば、死への恐怖だけでなく、つらい治療を頑張ったのに報われなかった失望感もあるだろう。私の母は闘病中でも家族には弱音を吐かなかったが、親しい友人には「これからどうなっていくのか」と不安な気持ちを吐露していたことを、母が亡くなってから知った。家族には心配をかけまいと気丈にふるまっていたのかもしれないが、本当は不安で仕方がなかったのだろう。

　緩和ケアは、こうした体と心の痛みやつらさをやわらげ、患者や家族のＱＯＬ（生活の質）を改善する取り組みで、国のがん対策推進基本計画では、がんと診断されたときから取り組むべき課題として位置づけられ、病院でもがん治療と並行して行われるようになってきた。

　がんによる痛みには、各種の鎮痛剤や医療用麻薬が有効とされ、便秘や吐き気など副作用をやわらげる薬も併用される。痛みによっては、放射線治療や神経ブロックなどの非薬物療法が検討されることもある。

痛みやつらさを訴えることを恥ずかしい、と思って我慢する人もいるが、放置していると食欲がなくなったり、眠れなくなったりして体力の消耗につながる恐れもある。痛みが続くとイライラしたり、生活意欲が低下したりして闘病生活にも影響を与えかねないので、遠慮なく医師に相談してもらいたい。

医師にとっても、積極的に伝えてもらったほうが対処の方法を考えられる。もし直接言いづらかったら、看護師やケアマネジャー、ヘルパーなどから伝えてもらってもいい。闘病生活にまつわる不安も打ち明けることで、症状がやわらぐ場合もある。必ずしも薬ばかりが解決策ではないのだ。

痛みを我慢してしまう背景には、医療用麻薬への誤解もある。「怖い」「中毒になるのではないか」といった印象を抱いている人はまだまだ少なくない。なかには服用する量を増やすと「だんだん効かなくなってしまう」「寿命を縮めるのではないか」などと考えて、激しい痛みがあっても涙ながらに耐える人もいる。

内閣府が２０１６年に実施したがん対策の世論調査では、医師から医療用麻薬の使用を提案された場合に、約３割の人が「使いたくない」、または「どちらかといえば使いたくない」と答えたことが明らかになっている。「麻薬」という言葉への抵抗も強いのだろう。

がんの鎮痛薬として使われる医療用麻薬は、大麻や覚せい剤などの違法薬物とは違って、国が安全性や効果を確認して医薬品として製造・販売されているものだ。「オピオイド鎮痛薬」とも呼ばれ、現在、モルヒネやオキシコドン、フェンタニルなどが国内で承認されている。

剤形には、のみ薬（内服薬）をはじめ、坐薬や注射のほか、パッチを体に貼りつけて皮膚から吸収できるもの（貼り薬）もある。また、効果に持続性のあるものだけでなく、急激な痛みに対して速効性のある頓服薬（レスキュー）など、痛みや生活状況に応じて医師が薬剤師と連携しながら適切な薬の種類や量を見極めていく。もちろん副作用への対策も考慮される。

「医療用麻薬は適切に処方されれば何ら問題はなく、痛みもしっかり緩和されます。痛みに応じて量を増やしても中毒になることもなければ、依存に陥ることもありません」と、パリアン理事長の川越医師は断言する。

痛みをやわらげるために患者ができること

参考までに、痛みをとる治療は、「WHO方式がん疼痛《とうつう》治療法」に沿って行われる。これはWHO（世界保健機関）が提唱する痛みをとるための治療指針で、薬の使い方について次のような4原則が示されている（2018年改訂）。

1．経口的に（のみ薬を用いる）
2．時刻を決めて規則正しく（薬をのむ時間を決めて規則正しく使用する）
3．患者ごとに個別的な量で（各人にあった量の薬をのむ）
4．1〜3を行ったうえで細かい配慮を（副作用対策など細かい配慮をする）

1ののみ薬は、患者が自己管理しやすいよう第1の選択にするのが基本だが、のみ込みや管理がむずかしい場合には、貼り薬や坐薬、注射薬など個々の患者にあった投与経路や薬を選ぶ。

2は、がんの痛みは持続しやすいため、毎日決められた時間に薬をのむことによって効果があらわれる。それでも急に強い痛みが生じた場合には、速効性のある頓服薬（レスキュー）を追加で服用することもある。頓服薬の利用が頻回になったら定時薬を見直す必要があるかもしれないので、医師や薬剤師に相談してもらいたい。

3は、痛みの感じ方や薬の効き目は人によって違うので、個々の患者に合った薬の量を決めることが求められる。医療用麻薬の量が増えたからといって、必ずしも病状が深刻になっているわけではなく、痛みをとることで普段どおりの生活を継続できるようにすることが理想だ。

4は、薬を適切にのみ続けられるよう副作用への対処のみならず、薬ののみ忘れがないよう薬剤師が「おくすりボックス」や「おくすりカレンダー」の利用を提案するなど、患者ごとに必要な支援を見極めていく。痛みをとりのぞくことと、副作用を天秤にかけながら薬の増減を調整することも必要とされる。

「痛みをとりのぞくためには、医療用麻薬の増量や変更など細かい調整が必要とされますが、薬の使い方に慣れていない医師は躊躇してしまいがちです。副作用などを懸念するからでしょう。その結果、痛みがとれずにお手上げ状態となって、患者を病院に入院させてしまう場合もあるのです」と川越医師は、医師の経験値やスキルによって左右される面も少なくないと指摘する。

私の母は最初に処方された医療用麻薬の量が多かったせいで、食欲が著しく低下するなど体力がガクンと落ちてしまったが、痛みをとろうとするあまり医療用麻薬の量をいきなり増やすと、副作用が強く出てしまうこともある。

患者ごとに適切な医療用麻薬の量を見極めるには、少量の投与から始めて、痛みがとれるまで量を徐々に増やしていくことが大切なのだという。そうすることで体が慣れていき、副作用も抑えやすくなるそうだ。

医療用麻薬の利用によって、便秘や吐き気・嘔吐・眠気などの副作用が生じる場合もあるが、それらを抑えるための薬も一緒に処方されるので怖がることはない。

ただ、気になる症状があれば遠慮なく医師や看護師に相談してもらいたい。医療用麻薬は一度始めたら止められないと思っている患者もいるが、そうではないことも知っておきたい。

同じがんでも痛みの感じ方は個々人によって違うので、患者側はどこが痛むのか、どのような痛みなのか（例えばズキズキ、ピリピリ、ズーンなど）、どういう場合に痛みが出るのかなどを具体的に医師に伝えることも必要だ。それによって医師はどのような薬や量が適切かを判断できる。本人のそばにいる家族からの情報も役に立つ。

終末期では倦怠感が生じやすいが、薬でもとりのぞけないことがある。その場合は、家族が手や足をさするなどマッサージする方法もある。私の母も療養中に「体がだるい」とよく訴えていたが、アロマオイルで手足をマッサージすると喜ばれた。好きな香りを嗅ぐことで気分が落ち着き、眠りにもつきやすくなる。手足のむくみもとれるのでお勧めだ。心臓の方に向かってマッサージするなど注意点もあるので、医師や看護師に相談したうえで行って欲しい。

痛みの緩和に長けた在宅医を探すには、治療病院の主治医に相談するほか、がんの治療病院に設置された「がん相談支援センター」や、最寄りの「地域包括支援センター」、訪問看護ステーション、ケアマネジャーなどから情報を収集するといいだろう。１カ所に聞くだけでなく、複数の窓口に問い合わせすると手がかりが得られやすい。

　また、治療病院で抗がん剤治療を受けている途中であっても、早めに看取りまで対応できる在宅医を探すことも検討しておきたい。そうすることでセカンド・オピニオンとして抗がん剤治療の是非についても相談できるほか、症状が急変したときや痛みの緩和にも対応してもらえる。治療病院への通院と並行して在宅医による訪問診療を利用することも可能だ。

　看取りに取り組んでいる医療・介護従事者に聞くと、早めに在宅緩和ケアに移行したほうが信頼関係が築きやすくなるだけでなく、患者や家族の思いも伝わりやすいそうだ。自分なりの生活スタイルや価値観を大事にしながら、残された時間を悔いなく過ごせるように、自宅での療養も選択肢として検討してみてはいかがか。

第五章　看取りルポ　自宅で最期を迎えるために必要なこと

つくり出される〝がん看取り難民〟

自宅での看取りを叶えるには、〝覚悟〟が必要だとよく言われる。「最期は家で迎えたい」と願う本人の強い意思、さらに、家族にも「家で見送ってやりたい」という強い思いがないと実現はむずかしいのだという。

私は数年前、子宮頸がんで闘病していた麻衣さん（仮名・53歳）の看取りにかかわる機会があったが、本人はともかく、夫のカツオさん（仮名・55歳）には当初、まったく覚悟なんてなかった、というか、期待できそうもなかった。

妻が闘病中であるにもかかわらず、会社から帰宅するとしょっちゅう出かけて夜遅くまで帰ってこないなど、介護に協力的な姿勢が見られなかったからだ。

「こんなんじゃ、先々、入院するしかないかもしれない」

麻衣さんの親友・チカコさん（仮名・52歳）は、まるで他人事のような夫の態度に呆れるばかりだった。

だが、2カ月半後、麻衣さんは夫に見守られ自宅で息を引き取った。

これから紹介するのは、その間の経過を追ったレポートである。

厚生労働省の調査によると、国民の6割が終末期を自宅で過ごしたいと答えているが、実際には〝病院死〟が7割を占める。踏み出したくても不安が先立ち、ためらうこともあるのだろう。

カツオさんもそうだった。しかし、在宅医療・介護のサポートがあれば、住み慣れた自宅で最期を迎えられるのだということを今回、私は改めて思い知らされた。どのような支援があれば可能になるのか、療養先を考えるときのヒントになればいいと考えている。

麻衣さんを支援してくれたケアマネージャーや医療・介護従事者の皆さんには、本章の執筆にあたって取材を申し込み、当時の様子を振り返ってもらいながら、さまざまな助言をいただいた。それらは将来への心づもりや備えにもつながると思う。

「イタタタタ」

布団から起き上がろうとする麻衣さんの骨盤に激痛が走った。10日前、病院で痛みを緩和する放射線治療を終えたばかりだが、退院時に処方された鎮痛薬をのんでも痛みはおさまらない。歩くのもやっとで、トイレに行くにも足をひきずっている。

「早く病院の先生に連絡したほうがいいよ」

見るに見かねて友人のチカコさんはこう助言するも、本人はまだ我慢できるので、20日も先の外来予約日まで待つのだという。

信じがたいかもしれないが、がんに限らず、症状が悪化しても通院先に連絡するのをためらう患者は案外いるものだ。医師への遠慮があるからなのだろう。

ただ、麻衣さんは退院時に「もうほかに治療法がない」と主治医から告げられていた。いわゆる〝末期がん〟の終末期状態にあるわけだが、病院からは在宅医療・介護の案内はされていなかった。

主治医は、まだ通院で何とかなるだろうと思っていたのかもしれないが、すでにそういう段階は過ぎていた。もしこのまま症状が悪化したら、救急車で病院に担ぎ込まれる可能性もある。家族が一緒にいればまだいいが、そうでなければ助けを呼べないこともあるだろう。

本来は、早めに院内の医療福祉相談室につなぎ、専門の相談員（ソーシャルワーカー）と今後の療養先などについて相談できるようにすべきだが、麻衣さんの主治医は患者をつなぎ止めたいのか、退院時にも何ら案内されていなかった。地域のがん治療を牽引するはずの病院が、いまだにこんな実態であるのには愕然とさせられる。

そもそも麻衣さんに子宮頸がんが発覚したのは、約1年半前。性器からの出血が止まらず、近所のクリニック（産婦人科）を受診したのがきっかけだった。

子宮頸がんは、子宮の入り口にある子宮頸部に発生するがんで、公益財団法人日本産婦人科学会によると、以前は40代から50代の発症が多かったが、最近は20代から30代の若い女性に増えているという。高齢者の発症例も少なくない。

早期に治療につなげられれば比較的予後がいいとされているが、麻衣さんの場合は、産婦人科医からがん治療を担う病院にすぐに紹介されたものの、すでに骨やリンパ節への転移が進んでいた。いわゆる、進行がんだった。

「もっと早くかかっていればよかった」

麻衣さんは以前から体調に異変を感じていたが、ヨガ・インストラクターとして仕事が軌道に乗るなか、医療機関にかかるのを後回しにしてしまっていた。しかし、悔やんでも、もう後戻りはできない。チカコさんからの助言を受け、早速に自宅で療養するための準備が進められた。「痛みがとれるなら家にいたい」と、麻衣さんが望んだからだ。

まずは、知人の紹介でケアマネジャーの勝あゆみさん（居宅介護支援事業所美里ヒルズ、三重県津市）に相談。在宅介護を長年にわたって支援し、がん患者などの看取りでも実績があるベテランだ。介護サービスなど療養に必要な支援を依頼することになった。

ケアマネジャーは、在宅介護（ケア）の司令塔的な役割を果たす専門職だ。直接的な介助はしないが、介護保険で要介護認定を受けた人、すなわち「要支援・要介護者」を対象に、本人・家族の意向や心身の状況などを踏まえ、自宅で生活を送るために必要な支援をアドバイスするとともに、介護事業所の手配や調整も担う。

勝さんには、がんの在宅緩和ケアが得意な在宅医も紹介してもらうことにした。

基本的に在宅医への診療依頼は患者または家族が行うが、誰に頼んでいいのかわからないのが一般的だろう。その場合はケアマネジャーから評判を聞いて、紹介してもらうのも手だ。ケアマネジャーと在宅医は互いに情報を共有しながら、在宅療養・看取りを支援する役割を担っている。

昨今は、施設志向が高まっているが、入院先の医師から「自宅で介護をするのは無理だろう」と決めつけられ、それを鵜呑みにしてしまうケースが後を絶たない。だが、一度立ち止まり、ケアマネジャーに相談してからでも遅くない、と勝ケアマネジャーは話す。

「特に介護経験のない家族は、医師の意見に左右されやすいようです。ただ、施設を検討していたとしても、本当にそれでいいのか本人と家族それぞれに思いを打ち明けてもらいます。そのうえで、互いが納得できる結論が出るよう支援するのがケアマネジャーの役割なんです」

日頃から、本人とはもちろんのこと、家族とのやりとりを続けることも大切なのだという。勝さんは、離れて暮らす家族にも、サービス利用時や医療機関への通院の結果をマメに連絡する。そうすることでいろいろな話を聞き出せたり、逆に不安に思っていることなどを相談されたりする機会にもなるからだ。

家族とのやりとりも特定の人を「キーパーソン」と決めて、その人とだけ連絡し合うほうが楽で手間も省けるが、家族とはいえ考えが一つにまとまっているとは限らない。勝さんはそれぞれの思いを尊重しながら、どのような着地点が望ましいのか一緒に考え続けていくプロセスを大事にしている。

簡単にできることではないが、それこそ人生の最終段階に求められている「人生会議」の取り組みそのものと言える。

福祉用具で生活を立て直す

麻衣さんは自宅での療養を希望しているものの、不安も抱えていた。夫の帰宅が毎晩遅いので、今後のことを話し合う機会が持てていなかったからだ。勝ケアマネジャーも夫の意向を確かめようとしたが、あろうことか面談のアポをすっぽかした。「忘れていた」のだという。チカコさんも私も、先がおもいやられた。

「ああ、わかったよ」

勝ケアマネジャーがようやく面談にこぎつけると、意外にも夫は妻の意向をあっさり受け入れた。果たしてどこまで本気なのかはわからないが、何はともあれ麻衣さんの痛みをやわらげるため、まずは福祉用具を利用することになった。

布団からの起き上がりを楽にするため電動式の介護ベッドを導入するとともに、立ち上がりを容易にする介助バーもベッド柵に取りつけた。さらに、足のしびれで歩行できないときに備え、ポータブルトイレをベッド脇に配置した。

これら福祉用具は介護保険の対象となっており、介護ベッドは1割負担なら月1

000円から1500円程度（事業所や型式によって違う）でレンタルでき、ポータブルトイレのような直接肌にふれて使うものは、年間10万円（自己負担は1万円〜3万円）まで購入できる。

福祉用具事業者「輝」（三重県松阪市）の専務取締役・木下加奈江さんは、使う人の身体機能や生活様式に合った用具を選ぶことが大切だと説く。

「例えば、ベッドからの転落リスクが見込まれるなら、低床にできる介護ベッドの利用が望ましいでしょう。マットレスも多種多様で、硬さが表と裏で異なるリバーシブルのタイプも登場するなど進化しています。床ずれ防止のために体位を自動的に変えてくれるマットレスもありますが、船酔いする人もいるので誰にでも合うわけではないのです。身体の状態や利用目的などを踏まえるほか、配置場所にも留意しなければなりません」

事業者には専門の相談員がいるので、福祉用具の選び方や使い方のアドバイスが受けられるだけでなく、定期的な訪問で使い勝手などもチェックしてもらえる。福祉用具はレンタルが基本なので、身体機能などの変化に合わせて取り替えることも可能だ。

木下さんは、訪問介護事業所の管理者兼ヘルパーとして第一線でも活躍するが、福祉用具を取り入れることで本人の生活力を高めることも期待できる、と話す。

「在宅介護ではヘルパーによる支援も受けられますが、利用できる時間には限りがあります。福祉用具を上手に導入すれば自分でできることも増えますから、在宅生活の継続にもつながります。暮らしやすい環境を整えることも、介護事業者の大きな役割なのです」

麻衣さんも、介護ベッドや介助バーなどの利用によって日中ひとりでも生活できただけでなく、木下さんのアドバイスで、車いす用の除圧クッションを使って座ったときのお尻の痛みをやわらげることができた。がんの痛みは生活にさまざまな支障をきたすが、福祉用具を上手に取り入れることで自立した暮らしや不便の解消が可能になる。

がん治療の限界と未知の領域

がんに伴う痛みやつらさをやわらげるための治療は、在宅医による訪問診療によって自宅にいても受けられる。

麻衣さんの担当となった「津在宅ケア診療所」（津市）の院長・山際健太郎医師は、外科医や緩和ケア病棟のセンター長を経て、２０１３年に在宅医療を専門とするクリニックを設立。常時１００人前後の患者を受け持ち、「在宅緩和ケア充実診療所」としてがん患者の疼痛緩和や看取りでも豊富な実績がある。

麻衣さんは夫と一緒にクリニックを受診し、今後の療養について相談。痛みをとって自宅で穏やかに暮らせるよう、まずは月2回の訪問診療から開始。病院から処方されていた鎮痛薬では痛みが軽減されないことから、医療用麻薬の種類を見直し、量も追加された。

このとき夫は、すでに妻が終末期状態にあることをわかっていたが、当の本人には自覚がなかったようだ。ただ、このような患者は、決して少なくない、と山際医師は話す。

「ぎりぎりまで抗がん剤治療を続け、ほかに治療法がなくなって在宅医療に紹介されてくる患者さんは増えていますが、治療病院の医師による説明が十分でない場合もあります。そもそも医師が抗がん剤治療に期待をかけるので、患者さんは治ると思い込んでしまっています。症状が深刻化すると自覚せざるを得ませんが、それでは思い残すこともあるでしょうから、タイミングを見て本当の病状を説明する必要があります」

末期がんの患者に対する抗がん剤治療では、腫瘍が小さくなったとしてもがんが治ったわけではない。余命の延長も期待されるが、統計学的には有意であっても、個々の患者に有意かどうかは誰にもわからない。抗がん剤は正常細胞にもダメージを与えるので体力を消耗させ、命を縮めることにもなりかねないのに、そうした理解はなかなか進んでいないようだ。

山際医師は、33年間の臨床経験で、がんの3大治療と呼ばれる「手術」「放射線」「抗がん剤」にも数多く取り組んできたが、それらは完璧ではないと考えている。

「がんの再発、手術による合併症や後遺症、抗がん剤や放射線による副作用で苦しむ患者さんをたくさん見てきました。やはり、がんが発生する根本的な原因がわかっていないので、治療には限界があることも知るべきでしょう」

山際医師のクリニックには、「自宅で療養したい」と直接診療を申し込んでくる患者が3割から4割程度を占めるが、やりたいことがあるなど目的を持っていると、治療法や療養先も自分で決める傾向が見受けられるそうだ。

患者のなかには、治療をまったくしていないのに長生きしていたり、80代以上の高齢者はがんで痛がったりする例がほとんどみられないなど、在宅医療に取り組んでみて初めて直面する事実に驚かされることも少なくないのだという。

だからこそ山際医師は、治療に支障のない限り、できるだけ患者に好きな物を食べてもらうなどストレスのない生活を送るよう勧める。在宅緩和ケアでは、QOLをいかに高められるかが鍵となるからだ。

「ただ、それには痛みやつらさを取り去ることが前提となります、そうでないと患者さんや家族からも信頼されませんから」と、打ち明ける。

医療用麻薬は導入時が肝心

がんの痛みの緩和には一般的に医療用麻薬が用いられるが、患者の状態や痛みの程度などによって、どれを、どのくらい使うのかを医師が判断する。ほかの鎮痛薬と組み合わせる場合もあるが、いずれにせよ痛みがとれる薬剤の種類や量を見極めるには、医師の経験がモノを言うだけでなく、訪問薬剤師による支援も欠かせない。

訪問薬剤師は、医師が処方した薬を患者宅に届け、薬の管理方法やのみ方を指導したり、指示どおりに薬が服用されているかなどを確認。効き目や副作用をチェックし、医師に助言する役割も担う。

山際医師とチームを組む石橋祐子薬剤師（現 健やか薬局津駅西口店）は、患者が初めて在宅医を受診する際には、できる限り同席するよう心がけているという。

「痛みがとりきれていなかったり、経済的な問題を抱えたりしていても、医師に訴えられない患者さんは少なくありません。特に初回の面談は緊張も伴います。そのため話しやすい雰囲気をつくるようにして悩みなどを把握し、医師の処方に役立ててもらうよう努めています」

　自宅での療養に踏み出す患者や家族には、少なからず不安もある。それだけに、とっかかりとなる初回の医師との面談は重要だ。麻衣さんの場合も、医療費の負担を気にしているのを会話を通じて汲み取り、支払いを抑えられるよう後発医薬品の導入を医師に提案した。

　さらに、患者が医療用麻薬を初めて使用するときや、種類や量が見直されたときには、必ず患者宅に出向いて効き具合を確認し、医師にすぐ報告する。看護師やヘルパーらからの情報も参考にして、副作用にも注意深く目を配る。

「退院直後は特に注意しないと、本人だけでなく、家族も不安になってしまいます。副作用の出方は人それぞれですが、怖がる必要はありません。例えば便秘や吐き気には、医療用麻薬と一緒に便秘薬や制吐剤を使用すれば、抑えることが可能です」

　ただ、医療用麻薬の量が増えるにしたがって、どうしても眠気は生じやすくなる。そのせいで家族の心配が募ることも少なくないそうだ。

「寝ている時間が長くなると、傍にいる家族は「このままどうなってしまうのか」

と死への恐怖が高まるようです。一方、患者さん本人は痛みから解放されるものの、やりたいことや、やり残したことがあっても、それができず後悔につながる場合もあります。本人や家族の希望を踏まえ、医師をはじめとするチームで相談しながら両者のバランスを調整していくことが求められます」

また、在宅では薬ののみ間違いは大きなリスクとなるため、患者や家族がどの程度管理できるか見極めたうえで、それに応じた服薬管理の方法を提案する必要も出てくる。

「お薬カレンダーやお薬ボックスなどを用いるだけでなく、患者さんの症状や理解力、家族の支援体制などを考えて、薬の形状や服用回数の見直しを医師に提案します。経口薬が基本ですが、管理がむずかしい場合には、効き目が一定期間持続する貼り薬に見直すのも一つの方法です」

なかには、最期まで自分で管理することを望む患者もいるため、ほかの職種と協力しながら服薬の状況をさり気なく見守る場合もある。治療が優先される病院とは違い、在宅は本人や家族の価値観も尊重しなければならないが、それだけにやりががいもあるのだという。

ケアによる症状改善に期待

　末期がんのように症状への細かい目配りが必要な患者にとって、看護師が自宅を訪問して全身状態を観察し、医師や薬剤師らと連携しながら医療処置やケアを行う訪問看護サービスが果たす役割は大きい。

　痛みがおさまらないなど、症状に不安があるときには在宅医に連絡すべきだが、訪問看護でも24時間の連絡体制が整っている事業所では、患者や家族からの相談を受け、緊急の訪問にも応じている。もちろん在宅医とも情報を共有する。

　患者や家族は、在宅医に連絡するのをためらいがちだが、些細な不安にも丁寧に応じてもらえるので心強い。

　麻衣さんの膀胱にはカテーテルが留置され、腹部を自分で圧迫して尿を出さなければならなかったが、思うように対応できていなかった。そのため在宅医の指示を受けて訪問看護ステーション「福寿草」（津市）の管理者・伊藤朋子看護師らが定期的に訪問してサポートするほか、療養上の不安にも応えた。

「痛みの具合をだんだん伝えられるようになってきたよ」

チカコさんが見舞いに出向くと、麻衣さんは顔をほころばせた。

当初は、医療用麻薬の効き具合を聞かれてもどう説明していいのかわからなかったが、看護師が10点満点スケールを用いるなどして、どこが、どう痛むのかを丁寧に把握してくれたお陰でコツをつかめたのだという。

訪問看護では、副作用の症状にも注意を払うが、伊藤看護師はケアの見直しで改善される面も少なくないと話す。

「便秘は生じやすい副作用ですが、放置すると吐き気や食欲低下をもたらすこともあります。症状の改善には、摂取する水分の量を増やしたり、食事の内容を見直したりすることも必要です。また、眠気が強いとのみ込む力が低下して誤嚥する恐れも出てきますが、口腔ケアを丁寧に行うほか、とろみ剤の使用や食形態の工夫などでも防ぐことができます。排泄の管理と口腔ケアをしっかりやることで、体調は格段によくなると実感しています」

入院中は、意外に口腔ケアに目が行き届いておらず、そのせいで嚥下機能（のみ込む力）が低下し、食事ができないケースもある。福寿草が担当した90代の女性は口のなかが乾いてカピカピになっていて、会話がままならず、家族とも筆談でやりとりしていた。

ところが、退院後に訪問看護で口腔ケアを続けた結果、言葉が交わせるようになっただけでなく、少しずつ食べられるようになったという。たとえ残りわずかな命であっても、最期まであきらめずにQOLを高められるよう支援を続けることがいかに大切かがわかる。

予想しなかった緊急入院

「来年から年賀状のやりとりは止めにして、メールにしよう」

麻衣さんの自宅療養がスタートして半月が経った1月中旬、チカコさんは本人からこう言われて一瞬、戸惑った。

「う、うん、わかった。そうしよう」

動揺を悟られないようチカコさんはせいいっぱい明るく答えた。1年も先の話をするなんて、まだまだ生きられると思っていたのだろう。

だが、間もなくして、麻衣さんの病状はまさに坂道を転げ落ちるように悪化していった。

尿が思うように出ないため微熱が続き、尿意や便意の感覚も失われた。ヘルパーによる排泄介助などが必要とされ、尿路感染や便秘を改善するため訪問看護の利用も週数回に増えた。

「まったくアイツ（夫）はどうしようもない」

相変わらず他人事のような夫の態度に、麻衣さんはストレスを時折、チカコさんにぶつけた。闘病生活への苛立ちもあったに違いない。激痛が下半身に走り、医療用麻薬の服用直後は痛みがおさまって眠れるものの、目が覚めると痛む。在宅医による訪問も週数回に及び、医療用麻薬の量もどんどん追加されていった。

「そろそろ本人に予後を伝える時期かもしれません」

2月初旬。山際医師は訪問看護師らから病状の報告を受け、余命が数ヵ月程度であることを本人に伝えたが、すでに悟っていたという。

「もう助からんみたい……」

麻衣さんは布団に顔をうずめるようにして、見舞いに来たチカコさんに呟いた。

こういうときに、友人としてどう接するのが正解なのだろうか。励ますのも無責任のように感じるし、言葉によっては本人を傷つけるかもしれない。チカコさんはしばらく傍にいることしかできなかった。

一方、この頃、夫のストレスも最高潮に達していた。さすがに夜に出かけることはなくなったが、妻の深刻化する病状を前に「怖い」とチカコさんに漏らしていたという。

人の死に立ち会うのは、多かれ少なかれ恐怖心を抱くものだ。ましてや看取りの経験がない夫には、心細さもあっただろう。

それから10日後。取材で厚生労働省にいた私の携帯電話に、突然連絡が入った。

「緩和ケア病棟に緊急入院することになったみたい」

電話の相手はチカコさんで、その声は上ずっていた。カツオさんは日に日に衰えていく妻の様子に不安が高じ、緩和ケア病棟に入院できないか山際医師に相談。ちょうどベッドに空きが出たため、突如、入院が決まったのだという。疲労困憊している夫の様子をみかねた山際医師が、一時的にでも夫を休ませたほうがいいと判断した。

しかし、チカコさんと私は「きっと、もう自宅には戻れないだろう」と覚悟し、このまま入院先で麻衣さんは看取られるものだと考えていた。

ところが、である。ここから夫の態度が、変わり始めたのだ。

自宅に戻る決意をさせた理由

「(麻衣は) 家にいたいって言ってなかった? なんか聞いてない?」

入院から間もなく2週間が経とうとしていた頃、チカコさんが面会に出向くと、夫からこう切り出された。

麻衣さんの症状は落ち着いていたものの、時折、寝言と見分けがつかないような話をしてきたり、夫の姿が見えなくなると不安になるのか、「あ〜」と大声で叫んだりしていた。

「こんなにも変わってしまって……」

夫は、入院後の妻の姿を見てショックを隠し切れなかった。

緩和ケア病棟では〝鎮静〟が行われていて、眠っている時間も長くなっていた。目が覚めても意識がもうろうとしていて、夢のなかをさまよっているような言動もみられる。居心地が悪いのか、時折、不満のような言葉も吐いていた。

鎮静は、耐えがたい痛みや呼吸困難がある場合に用いられる緩和治療で、その度合いによっては、呼びかけても目を覚まさない状態におちいる場合もある。いわば苦痛をとるための最終手段だが、緩和ケア病棟では比較的実施されやすい。

ただ、鎮静には〝浅い鎮静〟と〝深い鎮静〟があるが、後者では家族らとのコミュニケーションができないまま亡くなることもあるため、その実施には慎重を期す必要があり、事前に本人や家族との十分な話し合いも求められる。

夫は浅い鎮静を了承していたが、緩和ケア病棟の医師から「余命は1週間程度かもしれない」と言われ、このまま入院を続けるべきか迷いが生じていた。自宅にいるときとはまるで違う妻の様子に「かわいそう」と口にしていたという。親友のチカコさんへの問いかけは、背中を押してもらいたい気持ちがあったのかもしれない。

「家に戻りたいので、よろしくお願いします」

その翌日、夫は意を決して、勝ケアマネジャーに連絡を入れた。

これは後で知ったのだが、山際医師からの依頼で福寿草の伊藤看護師は麻衣さんの入院先に出向き、カツオさんからの相談にのっていた。夜遅くに電話がかかってきて、不安な気持ちを吐露する場面もあったという。

「最期は僕が看てやろうと思う」

退院を決断した直後、夫は伊藤看護師にこう報告した。会社には、しばらく休暇をもらうのだという。いったい、どういう心境の変化なのかとチカコさんも私も驚くしかなかったが、伊藤看護師による支援も後押しになったのだろう。ともかく自宅に戻れるなら麻衣さんにとって本望だ。

しかし、残された時間は1週間しかない。果たして帰宅できる準備が整うのか半信半疑だったが、病院側と在宅医らによって退院に向けた準備が進められた。

一方、勝ケアマネジャーは各種サービスの手配に取りかかった。その結果、なんと2日後には介護タクシーの寝台に乗せられて麻衣さんは自宅に戻ることが叶ったのだ。

到着後、すぐに訪問診療をはじめ、訪問看護や訪問薬局による支援が再開されるとともに、排泄の介助や体位交換、着替えなど1日3回から4回、ヘルパーの支援も入ることになった。同時に、介護の必要度が以前よりも増しているため、要介護認定を改めて申請（区分変更申請）。介護保険で利用できるサービス量を増やせるようにした。

介護ベッドなどの福祉用具は「自宅に戻って来られるかもしれない」と、福祉用具事業者の木下専務取締役が無償で家に置いたままにしてくれていたので、退院後すぐに使うことができた。

どれか一つ欠けても帰宅が叶わなかったのではないか、と思えるくらい見事な連係プレーに脱帽するしかなかった。誰より救われたのは、夫のカツオさんだったに違いない。ケアマネジャーや、医療・介護従事者の皆さんが、一致団結して麻衣さんが自宅に戻れるよう懸命に取り組んでいる様子に心を動かされたのだろう。この後、夫はまるで別人のように介護に協力するようになっていった。

最期に家族だからできること

帰宅後、麻衣さんの病状は、いよいよ最終段階を迎えていた。息苦しさをやわらげるため在宅用の酸素濃縮器によって酸素吸入が開始され、激しい痛みにはＰＣＡ（自己調節鎮痛法）ポンプを用いて、医療用麻薬のモルヒネが静脈から持続的に投与された。

ＰＣＡポンプは小型の医療機器で、患者が痛みを感じたときにボタンを押すと、薬剤が自動的に増量される。石橋薬剤師は、「病状が進んで口から薬をのむことができない患者さんや、痛みの調整が頻回に必要な場合に用いられ、きめ細かく、迅速に痛みに対応できるメリットがあります」と話す。

薬剤量の調整などには訪問看護師や訪問薬剤師のサポートも欠かせないが、患者は医師が来るまで痛みを我慢しなくて済む。全国的にまだ普及しているとは言えないが、特に痛みの激しいがん患者の疼痛緩和には欠かせない治療法だ。

カツオさんは介護ベッドのすぐ傍に布団を敷いて妻を見守り、痛みで顔をゆがめるなどしたときには、本人の代わりにボタンを押し続けた。夜中に起こされることもあったが、日中から夕食後くらいまでは、ヘルパーや訪問看護師に支援を任せられるので体を休めることもできたようだ。

「近くにいるだけで、本人は安心できるんですよ」

伊藤看護師は、麻衣さんの傍にいる夫にこう声をかけた。

最期が近づくと眠っている時間が長くなるので、家族はどう接したらいいのかわからなくなることがある。不安になって本人から離れてしまいがちだが、「耳は最期まで聞こえているので、本人が好きな音楽を聞かせたり、一方的でも話しかけたりするのもいい。それで表情がやわらぐこともあります。会話ができなくても、手を握ったり、体をさすったりするのもコミュニケーションの方法なんです」と、伊藤看護師は助言する。

また、看取りの経験がない家族は、目の前で起こる症状に驚いて救急車を呼んでしまいがちだ。その結果、死の間際に人工呼吸器をつけられたり、心臓マッサージでつらい思いをさせてしまったりする場合もある。そうならないようにするには、まず在宅医か訪問看護師に連絡することを忘れてはならない。

落ち着いて対応するには、看取りが近づいてきたときに起こりやすい症状を知っておくことも大切だ。「昏睡状態の継続」をはじめ、「手足が冷たくなる」「血圧の低下」「尿量の極端な減少」などの症状がみられるが、呼吸にも特徴的な変化が生じる。

亡くなる数日前くらいから、呼吸が浅くなるとともに数十秒間止まるなど、不規則になりやすい。下顎《かがく》呼吸といって顎で息をするような様子もみられるが、これらは死に至る自然な経過なので、慌てる必要はない。家族は見守っていればいいのだ。

さらに、がんの終末期では、「せん妄」と呼ばれる症状も生じやすいという。意識がもうろうとして辻褄の合わない話をするほか、大声を出すなど興奮したり、眠らなかったりすることもある。

「せん妄は、脱水や医療用麻薬が引き金になることもあります。ただ、大抵は一時的な症状でおさまるので見守っていれば大丈夫です。もし症状が続くなど、心配であれば、薬で抑えることも可能です」と、山際医師は説明する。

せん妄とは異なるが、亡くなる直前から数日前くらいに一時的に元気になることもある。ずっと眠ってばかりいたのに急に起き出すなどするので、家族は持ち直したのかと勘違いしやすい。

伊藤看護師はこうした様子を「ろうそくが消える前に一瞬、炎が大きくなるのに似ている」と例えるが、その理由は解明されていない。死に至る過程には、科学では解明できないこともまだある。

在宅看取りがくれたギフト

麻衣さんの最期が日に日に近づくなか、本人は両親のことで気をもんでいた。10年前、夫との結婚を反対され、なかば駆け落ちのようにして実家を出てから、両親とは折り合いの悪い状態が続いていた。そのため、がんが発覚したことも知らせていなかった。

緩和ケア病棟に緊急入院となったときには、夫が本人に内緒で両親に連絡を入れたものの、見舞いに来ることはなかった。

ところが、退院から数日後。チカコさんが麻衣さんの家に立ち寄ったところ、両親が面会に来ていた。夫のカツオさんから再度連絡があり、「残された時間が少ない」と聞いてやってきたのだという。

この頃、すでに麻衣さんはベッドから起き上がる元気もなく、会話もままならない状態だったが、このときばかりは不思議なことに意識が明瞭になり、両親と話す時間が持てた。長年のわだかまりが解消したのか、会話の弾む声が隣の部屋にいるチカコさんにも聞こえてきたという。

「お母さんに会いたかったんや」

麻衣さんはこうチカコさんに話し、涙をこぼした。本当はもっと早く会いたかったのに、口に出すことができず寂しさが募っていたようだ。カツオさんもやるときはやるじゃないか。

　その後も両親は数回、見舞いに来たが、会話ができたのはこのときだけだった。あるとき、麻衣さんの父親は、「（カツオは）きちんと（娘を）看てくれているのか？」とチカコさんに尋ねた。

　在宅医や訪問看護師、ヘルパーが日に何度も出入りする様子に、両親が面会に来たときだけ、これみよがしに頼んでいるのではないかと疑っていた。それだけ夫への不信感が強かったのだろう。

「そうかぁ。それなら安心したわ」

　チカコさんからこれまでの経緯を聞き、父親はほっとした表情を見せた。娘に手厚い医療・介護が提供されていると聞き、カツオさんの株は上がったようだった。

　自宅で妻を看取ると決断したことが、まさか親子の和解にまでつながるとは誰も想像していなかったが、誰より麻衣さん自身が驚いていたに違いない。

「明日、あさってがヤマ場かもしれません」

　麻衣さんが自宅に戻ってから20日目。退院時に1週間程度と言われていた余命宣告の期間はとっくに過ぎ、もしかしたら、まだまだ生きられるのではないかと思っていた矢先だった。

その日は朝からずっと尿が出ておらず、山際医師から最期が近づいていることを告げられたカツオさんは、ベッドに添い寝して妻を見守り始めた。

「すごいよー。(カツオさんが)添い寝までしてた」

チカコさんは興奮気味に私に報告をくれた。自宅で療養を始めた当初は、妻を看病するどころか毎晩のように出かけていたのに、ここまで態度が変わるものなのかと驚きが隠せなかったようだ。私も同感だった。

夫婦の関係は夫婦にしかわからないこともある。それにしても、誰が教えたわけでもないのに、添い寝までするとは思いもよらなかった。

その翌日。午前2時頃、チカコさんの携帯にカツオさんから連絡が入った。

「さっき、天国に逝ったわ。これから山際先生に来てもらうんや。いろいろ世話になって、ありがとう」

相変わらずのぶっきらぼうな話しぶりだったが、カツオさんの声はかすかに震えていた。

＊　＊　＊　＊

麻衣さんの生前中、勝ケアマネジャーはカツオさんに何度もこう問いかけたという。

「自分が後悔しないよう、何ができるのか考えてくれませんか」

その答えが何だったのかはわからない。だが、カツオさんの妻への態度は、途中から明らかに変わっていった。

自宅での療養が始まったときには毎晩のように外出し、遅くまで帰ってこなかったので、チカコさんも私もヤキモキさせられ、腹立たしさを覚えることもあった。だが、緩和ケア病棟からの退院後、カツオさんは妻ときちんと向き合い、終盤は添い寝までして見守った。最期は、腕の中で見送ったそうだ。

麻衣さんが両親と再会できたのも、カツオさんが連絡したのがきっかけだった。ケアマネジャーからの問いかけは、確実に夫の心に届いていたのではないかと思う。

勝ケアマネジャーは何度も麻衣さんの自宅に足を運び、痛みでつらそうにしているときには在宅医に連絡。食事が思うようにとれていないことがわかると、栄養ゼリーのサンプルを届けるなど、カツオさんにとっても大きな力になっていたからだ。

本章の冒頭で、自宅での看取りを実現するには、本人と家族の〝覚悟〟が必要なことを紹介した。しかし、覚悟は最初からあるのではなく、経過とともに培われていくものなのだということを、麻衣さんの看取りを通じて痛感させられた。

ケアマネジャーや医療・介護従事者の皆さんが、本人と家族の揺れる思いをきちんと受け止め、最期まで寄り添い続けてくれたからこそ、覚悟が持てるようになったのだと思う。そう、覚悟は後からついてくるので、最初からなくったっていいのだ。だからこそ、あきらめずにちょっと勇気を出して踏み出してみてはどうだろうか。自宅での療養や看取りを叶えられるチャンスを逃さないで欲しいと願っている

（＊個人が特定されないよう細部を変更した）。

【著者】
長岡美代（ながおか みよ）
介護・医療ジャーナリスト。親族の介護をきっかけに一般企業から介護職に転身した後、20年以上にわたって高齢者の介護や医療、ライフスタイルを取材・執筆。介護保険制度の不正請求や高齢者住宅の不当な囲い込み、無届け施設、悪徳ビジネスなどの追及も続けている。また各種メディアでコメンテーターとしても情報を発信。おもな著書に、『介護ビジネスの罠』（講談社現代新書）、『親の入院・介護に直面したら読む本』（実務教育出版）などがある。

平凡社新書965

多死社会に備える
介護の未来と最期の選択

発行日――2021年1月15日　初版第1刷

著者――長岡美代
発行者――下中美都
発行所――株式会社平凡社
東京都千代田区神田神保町3-29　〒101-0051
電話　東京（03）3230-6580［編集］
東京（03）3230-6573［営業］
振替　00180-0-29639
印刷・製本―図書印刷株式会社
装幀――菊地信義

© NAGAOKA Miyo 2021 Printed in Japan
ISBN978-4-582-85965-2
NDC分類番号369.26　新書判（17.2cm）　総ページ232
平凡社ホームページ　https://www.heibonsha.co.jp/

落丁・乱丁本のお取り替えは小社読者サービス係まで
直接お送りください（送料は小社で負担いたします）。